ESSAI

SUR

LES GARANTIES INDIVIDUELLES

QUE

RÉCLAME L'ÉTAT ACTUEL DE LA SOCIÉTÉ.

DE L'IMPRIMERIE DE CONSTANT-CHANTPIE,
RUE SAINTE-ANNE, n° 20.

ESSAI

SUR

LES GARANTIES INDIVIDUELLES

QUE

RÉCLAME L'ÉTAT ACTUEL DE LA SOCIÉTÉ;

PAR P.-C.-F. DAUNOU,

MEMBRE DE L'INSTITUT.

PARIS,

A LA LIBRAIRIE DE BRISSOT-THIVARS,

RUE CHABANNAIS, N° 2.

M.DCCC.XXII

ESSAI

SUR LES

GARANTIES INDIVIDUELLES

DUES

A TOUS LES MEMBRES DE LA SOCIÉTÉ.

Il y a, dans la plupart des langues, des mots qui expriment l'abus ou l'excès du pouvoir: presque partout on a parlé de tyrannie, d'usurpation, de despotisme, d'oppression, d'exaction de puissance arbitraire; et ces expressions, bien qu'employées, comme beaucoup d'autres, avec fort peu de justesse, sont probablement susceptibles de quelque sens déterminé.

La puissance publique empêche que nous ne soyons sans cesse exposés aux agressions et aux violences d'autrui; elle tend à préserver de tout attentat particulier nos personnes, nos biens, notre industrie, l'exercice raisonnable de nos facultés. Que ceux qui veulent commettre ou qui ont commis ces attentats, se plaignent de cette puissance tutélaire et réprimante : elle est leur ennemie, ils sont naturellement en guerre avec elle. Mais comment arrive-t-il qu'elle soit accusée par ceux qui n'ont d'intérêt qu'à la répression de ces désordres, et quel est le reproche qu'ils lui adressent ?

Sans doute elle ne parvient pas toujours à les protéger assez efficacement ; elle ne rend point absolument impossibles tous les dommages privés, toutes les offenses personnelles : soit faiblesse, soit négligence, soit même quelquefois connivence, il se commet de temps en temps des crimes particuliers qu'elle a le malheur de laisser impunis. Mais ce n'est point là le sujet ordinaire des plaintes qui s'élèvent contre elle. On sait bien que le plus souvent elle emploie sa vigilance et sa vigueur à réprimer tous les désordres de cette espèce, qu'elle y réussit même de plus en plus, à mesure que la civilisation se perfectionne, à mesure que la force est plus secondée par les habitudes morales et par les lumières. Il y a déjà long-temps que la puissance est assez éclairée pour sentir que si elle n'arrêtait pas le cours des violences exercées contre les personnes et contre les propriétés, elle finirait par en être elle même la victime. Ainsi, hors les cas bien rares où de faux calculs la disposent à s'en rendre complice, son propre intérêt l'entraîne à tel point à y mettre tous les obstacles qui sont à sa disposition, qu'en général il y aurait de l'injustice à lui reprocher l'inefficacité de quelques-uns de ses efforts. Au surplus, lorsqu'on dit que la puissance est arbitraire, oppressive, despotique, ce n'est sûrement point de faiblesse qu'on veut l'accuser, ni de l'impunité des délits privés qu'on prétend lui demander compte.

Que peuvent donc signifier ces qualifications odieuses, répétées, presque en tout lieu, de siècle en siècle? Quels sont les faits qu'elles énoncent ou qu'elles supposent? Il me semble qu'elles accusent la puissance publique d'employer ses propres forces à commettre, pour son compte, des attentats pareils à ceux qu'elle doit réprimer. Voilà, je crois, le véritable, l'unique sens de ces mots. Nous nous en servons pour reprocher à l'autorité des agressions du genre de celles contre lesquelles elle est armée, c'est-à-dire des violences, des rapines, des extorsions, des outrages; et nous appelons garanties individuelles l'engagement qu'elle prend de s'en abstenir, et les institutions qui l'obligent en effet d'y renoncer.

Ces garanties sont à-peu-près les seules limites qui, dans un grand état, puissent utilement circonscrire l'autorité. Ce n'est pas qu'en s'abstenant des actes criminels que je viens d'indiquer, elle ne soit encore exposée à tomber dans beaucoup d'erreurs nuisibles. Mais les moyens de l'en préserver, outre que d'ordinaire ils ne sont pas très-efficaces, deviennent souvent fort dangereux. Une société où l'on parviendrait à mettre les gouvernés à l'abri de toute oppression, serait déjà si heureuse qu'on pourrait bien abandonner aux gouvernans le soin de la rendre de plus en plus prospère. Car la félicité publique devient leur seul intérêt, leur unique pensée, du moment où ils ne songent plus à régner par des brigandages. Quoi qu'il en soit, qu'il n'y ait rien ou qu'il reste quelque chose à désirer au-delà des garanties individuelles, elles sont du moins le seul objet de l'essai que j'entreprends. Il n'a pour but que d'empêcher les pouvoirs qui nous protègent contre les malfaiteurs, de le devenir eux-mêmes.

Réduite à des termes si simples, la question présente encore de graves difficultés, qui proviennent toutes de ce qu'il faut bien qu'en certaines circonstances la puissance publique porte la main sur des personnes et sur des propriétés, interdise ou exige quelques actions. En effet, elle ne réprime les attentats qu'en saisissant ceux qui les commettent; elle ne maintient l'ordre que par des dépenses auxquelles chacun doit contribuer; et pour entretenir les relations sociales, elle a quelquefois besoin de contraindre à les respecter. Il s'agit d'empêcher qu'elle ne soit réellement agressive, en feignant d'agir comme tutélaire. Or, entre ces deux espèces d'actes, la nuance est quelquefois si délicate qu'elle peut s'y tromper elle-même.

En une telle matière, les idées générales ne deviennent sûres qu'autant qu'elles résultent de l'examen d'un assez grand nombre de détails. Nous rechercherons donc successivement en quoi consistent la sûreté des personnes, la sûreté des propriétés, la liberté de l'industrie, des opinions et des consciences; par quels actes agressifs l'autorité publique peut les offenser; quelles règles et quelles institutions peuvent nous préserver de ses attentats. N'envisageant que sous cet aspect les divers gouvernemens, nous ne les diviserons qu'en deux classes, selon qu'ils accordent ou refusent ces garanties; à moins que, pour embrasser tous les faits et rendre l'énumération complète, nous ne soyons obligés d'en former une troisième de ceux qui les promettent et les rendent illusoires par des lois d'exception, par des mesures de circonstances. La dernière question que nous aurons à nous proposer sera de savoir comment les garanties individuelles pourraient devenir inviolables dans un pays où elles ne l'auraient jamais été.

Nulle part, je n'aurai besoin de recourir à des principes abstraits, à l'hypothèse d'un pacte social, à la discussion de ses clauses, et des droits antérieurs ou naturels qu'il suppose. Je pars d'un seul fait immédiatement donné par les langues, dépositaires des idées et des sentimens de l'espèce humaine civilisée. Je ne remonte point au-delà des mots qui expriment le désir d'être préservé des agressions de la puissance publique autant que de celles des particuliers. Si quelqu'un prétend que nous appartenons sans réserve à cette puissance, qu'elle ne doit jamais être limitée que par sa propre sagesse, que nous n'avons aucun compte à lui demander de ses volontés, aucune distinction à établir entre ses actes, c'est un système que je ne réfuterai pas, mais dans lequel je n'ai point à raisonner, puisqu'en effet, une fois établi, il ne laisserait rien à dire, sinon peut-être que la sagesse de cette puissance illimitée consisterait encore à donner, de son plein gré, les garanties qu'il n'y aurait pas lieu d'exiger d'elle. Du reste, je suis persuadé que l'écrivain qui réussirait un jour à traiter comme il convient le sujet que je vais étudier, contribuerait à l'affranchissement de l'autorité suprême, autant qu'aux sûretés individuelles des gouvernés : car en la montrant revêtue de ses plus augustes caractères, en l'étendant de toutes parts jusqu'aux points où elle commencerait d'être agressive et malfaitrice, en ne lui refusant que des excursions périlleuses au-delà d'une si vaste sphère, il assurerait à toutes les lois, et à tous les ordres qui n'en sortiraient point, cette obéissance parfaite et ce respect inviolable, qui sont les gages de la tranquillité et du bonheur de l'état social.

Quant aux gouvernés, je crois que tous leurs intérêts véritables sont compris dans ce que je viens d'appeler garanties individuelles. Je sais qu'elles ne suffisent point aux ambitieux : il leur faut non des sûretés, mais des emplois, des honneurs, du pouvoir; et je sais aussi que cette disposition déréglée devient fort commune au sein des troubles, non seulement parce qu'elle est un des résultats qu'amène le bouleversement de tous les élémens de l'ordre social, mais aussi parce qu'en de pareils temps, le pouvoir, quoique plus périlleux que jamais, est considéré comme une garantie et même comme la seule qui soit alors possible. Mais les troubles mêmes, en se prolongeant, désabusent peu-à-peu de ces illusions; et lorsqu'ils s'apaisent, on comprend, mieux que jamais, que la liberté personnelle, la sécurité domestique, le développement de l'industrie privée, l'indépendance des affaires particulières, sont les seuls intérêts réels, et qu'il n'y a rien à demander au gouvernement, sinon qu'il les garantisse. Ce qui, ce me semble, ne peut convenir à personne, ni avant ni après les révolutions, c'est de rester exposé à des arrestations illégales, à des détentions indéfinies, à des jugemens iniques, à des interdictions arbitraires, à des spoliations, à des violences, à des coups d'état, à des lois de proscription.

Toute révolution politique a des intermittences, et, chaque fois qu'elle s'arrête, on s'empresse de proclamer qu'elle est terminée. Si c'est trop souvent une erreur, c'est toujours un vœu honorable; et l'on touche en effet de bien près à ce terme, quand une loi fondamentale a déclaré, promis, déterminé toutes les garanties individuelles; car il suffirait que cette loi fût fidèlement établie, littéralement observée par ceux qui l'ont faite, pour que le renouvellement des troubles devînt tout-à-fait impossible.

CHAPITRE PREMIER.

De la sûreté des personnes.

Il y a deux manières d'exister dans un état; on peut y être ou possédé ou gouverné : dans le premier cas, on est esclave ou serf; dans le second, sujet ou citoyen. Ces quatre mots forment une sorte de progression depuis l'extinction absolue de tout droit personnel jusqu'au plein exercice des droits de cité.

Il est indubitable qu'aucun homme ne veut être esclave ni demi-esclave; et il est certain d'ailleurs que des causes quelconques, qui peut-être n'ont pas encore été bien éclaircies, ont aboli ou tendent à détruire, dans la plupart des états de l'Europe, tout genre et tout vestige de servitude : une opinion générale condamne si hautement ces institutions qu'on ne daigne presque plus en rechercher l'origine, en suivre l'histoire, ni même en démontrer l'illégitimité.

La condition de sujet n'est pas sans doute une autre manière d'être esclave ou serf : si le gouvernement se considérait comme possesseur des personnes, s'il entendait succéder aux droits des maîtres et seigneurs particuliers, le changement ne consisterait qu'à étendre sur tout le monde, sans exception, un joug qui ne pesait que sur le plus grand ou le plus petit nombre. Or, c'est assurément ce que n'ont pu vouloir ni ceux qui étaient impatiens de secouer ce joug, ni ceux qui l'avaient imposé aux autres. Les seconds y auraient tout perdu, et les premiers fort peu gagné.

Qu'est-ce donc qu'être gouverné? C'est être protégé contre les attentats, réprimé lorsqu'on en commet soi-même, et obligé de concourir, par des services ou par des tributs, à cette protection universelle. Tout autre rapport entre les gouvernans et les gouvernés, toute autre contrainte employée pour exiger ou interdire des actes privés, des habitudes domestiques, des opinions politiques, des croyances religieuses, supposerait possession, appartenance, un degré quelconque d'esclavage. Une monarchie absolue est ou devient à la longue plus oppressive que la tyrannie féodale : elle a, comme en Orient, des esclaves, et non des sujets.

Je n'ai rien à dire encore de la qualité de citoyen. Si celle de sujet ou de gouverné pouvait, d'elle-même, se maintenir telle que je viens de la définir, il n'importerait à qui que ce soit, excepté aux ambitieux, d'avoir une part immédiate ou directe à la confection des lois, à l'élection des hommes publics qui administrent la société ou qui la représentent. Ces droits honorables, mais périlleux, susceptibles de s'étendre ou de se restreindre, selon la nature des divers systèmes politiques, ne toucheront à la matière que je traite qu'autant qu'ils se présenteront comme des moyens strictement nécessaires pour empêcher l'état de sujet d'être transformé en servitude. Je n'envisage immédiatement que la sûreté des personnes, c'est-à-dire, que le besoin qu'a chacun de nous de rester propriétaire de lui-même, de ne redevenir serf de qui que ce soit, pas plus d'une puissance dite gouvernante, que de tout autre maître.

Le premier bienfait de la société est de pourvoir à notre sûreté, en réprimant les atteintes qu'y porteraient nos ennemis particuliers. Mais il est évident que ce bienfait n'est possible que parce que la personne de chaque sujet demeure soumise à l'action de l'autorité publique, dans le cas d'attentat à la sûreté d'autrui, et, plus généralement, dans le cas d'un crime ou d'un délit prévu par les lois. Un sujet n'a donc pas droit de se plaindre s'il n'a été arrêté que pour être aussitôt mis en jugement; si l'on a vérifié, avec une exactitude impartiale, le fait dont il était accusé; si une loi antérieure à ce fait, et en vigueur quand il a eu lieu, l'a caractérisé délit ou crime, et en a déterminé la peine. Loin que ces mesures offensent la sûreté individuelle, on voit bien qu'elles sont immédiatement nécessaires pour l'établir.

Mais si, sans poursuites judiciaires, sans jugemens réguliers, l'autorité publique arrête, emprisonne qui bon lui semble, prolonge indéfiniment les détentions, exile, bannit, et dispose enfin des personnes selon son bon plaisir, elle agit comme un maître sur les esclaves qu'il possède, non comme un chef sur les sujets qu'il gouverne; elle attente elle-même à la sûreté qu'elle avait promis de maintenir, et commet, en son propre nom, les brigandages qu'elle s'était chargée de réprimer. Or voilà, puisqu'il faut en convenir, ce qu'elle n'a guère cessé de faire, en certains lieux, depuis l'extinction du régime féodal, tantôt par des ordres particuliers et le plus souvent secrets, contre des personnes nommément désignées;

tantôt par des mesures générales et publiques, revêtues même, quand il lui plaisait ainsi, du nom de lois, et qui frappaient d'un seul coup un grand nombre d'individus réunis par listes nominatives, ou bien par sectes, classes ou catégories quelconques. Il est visible que le nom sacré de lois imposé à de pareils actes, n'en change aucunement la nature, et que, plus criminels à tous égards que les autres, ils n'en sont pas moins arbitraires. En effet, un acte contre des personnes est arbitraire, toutes les fois qu'il est autre chose que l'exécution d'une loi antérieure à cet acte, et aux faits ou circonstances qu'il concerne; toutes les fois, en un mot, qu'il est autre chose qu'un jugement, ou le préliminaire indispensable d'un jugement. De même qu'un jugement serait arbitraire s'il était une loi, c'est-à-dire s'il appliquait une peine à une action que la loi n'en aurait pas encore menacée, de même aussi la loi devient arbitraire quand, s'attribuant la force d'un jugement, elle sévit immédiatement et nommément contre certaines personnes; à plus forte raison quand elle le fait par des dispositions toutes nouvelles, étrangères ou contraires aux lois précédentes non abrogées.

Il est bien aisé de rendre raison de ces

actes, lorsqu'on peut dire : Je suis seigneur et maître, j'agis ainsi qu'il me plaît sur des personnes qui m'appartiennent. Mais si l'on veut que ce soient là des actes de gouvernement, on est réduit, pour les justifier, à de bien misérables excuses. On est, par exemple, forcé de dire que les lettres de cachet, les bannissemens, les exils, tournent à l'avantage de l'état, des familles, et même des individus qui subissent ces traitemens ; qu'il n'y a pas d'autre moyen de préserver certains hommes des crimes qu'ils sont enclins à commettre, et qui, en les exposant à toute la sévérité des lois, mettraient en péril leur vie ou leur fortune, leur honneur et celui de leurs proches. Quant aux résolutions générales qui proscrivent à-la-fois un grand nombre d'individus, on les qualifie coups d'état, mesures de salut public, de sûreté universelle ; sous ces titres, on les préconise comme des chefs-d'œuvre d'habileté, comme des exploits énergiques, presque héroïques, qui arrêtent soudainement le cours des désordres, conjurent les orages, sauvent les empires. Enfin, on finit par déclarer que la meilleure manière de *réprimer* les crimes est de les *prévenir*, et, au besoin même, on soutient que ces deux mots sont synonymes.

Voilà une logique et une grammaire tout-à-fait dignes de servir de fondemens au régime arbitraire; mais qui, aussi, le laissent voir tel qu'il est, c'est-à-dire, comme n'admettant aucune limite. En effet, le pouvoir suprême, législatif ou exécutif, demeurant seul juge des cas où il est à propos de prévenir, de peur qu'il n'y ait, un jour, lieu de punir, toutes les personnes sont mises, par cela même, à sa disposition, et il lui est loisible d'ordonner contre elles tout ce qu'il voudra. Il n'aura jamais qu'à dire qu'il en use ainsi pour le salut de la patrie, pour le plus grand bien de l'état, et même par ménagement pour les personnes dont il lui conviendra de disposer.

Il y a bien quelques lois régulières qui tendent en effet à prévenir certains désordres; mais c'est en désignant d'avance les personnes qui ne devront pas rester maîtresses d'elles-mêmes, par exemple, les insensés, les interdits, les mineurs. Ces lois, loin de favoriser l'introduction du système arbitraire, serviraient plutôt à le repousser, car, outre que les circonstances qu'elles ont prévues et déterminées sont ou peuvent être, au besoin, judiciairement constatées, ces exceptions déclarent assez qu'on a laissé aux autres personnes le soin de prévenir leurs propres désordres, qu'on ne s'est réservé contre eux que des moyens de pure répression, qu'on n'a pas prétendu les assujétir à une autorité capricieuse qui pût, à l'aventure et à l'improviste, les mettre en interdit ou en tutelle.

Il faut donc avouer avec franchise que les contraintes illégales et de bon plaisir replacent les individus qui les subissent dans l'état d'esclavage, et qu'exercées contre des sujets, elles méritent les noms d'oppression et de despotisme, à moins que ces noms ne soient des paroles tout-à-fait insignifiantes. Dire que ces actes ne sont despotiques, oppressifs, que dans les cas où les craintes, les périls qui en sont les motifs, n'ont rien de réel, c'est à peine reculer la difficulté, puisque, encore une fois, l'autorité dont ils émanent décide seule qu'ils sont utiles ou nécessaires. Il n'y a de sûreté individuelle que lorsqu'ils ne sont pas possibles : dès qu'ils le sont, à son tour, le mot de sûreté est vide de sens, et les mots de gouvernans et de gouvernés n'ont plus de valeur propre et constante.

L'histoire nous montre des temps de servitude et de ténèbres, où les peuples avaient perdu jusqu'à l'idée de cette sûreté. La société subsistait, comme elle pouvait, sans garanties. Les actes arbitraires n'étaient plus des dérèglemens ni des abus: ils entraient, comme de plein droit, dans le désordre général. Le pouvoir suprême qui n'avait point assez de lumières pour les distinguer de ses autres actes, les multipliait sans réflexion, sans scrupule, et même sans trop de péril: il n'était du moins menacé prochainement que par l'insubordination de quelques tyrannies subalternes, ses rivales plutôt que ses sujettes. Mais quand, pour prévenir ou réprimer leurs attentats, il sentit le besoin de les affaiblir par quelques affranchissemens, cette heureuse imprudence fit renaître, par degrés, l'industrie, le commerce, la prospérité, qui, peu à peu, ramenèrent quelques notions de morale publique: si bien qu'à la longue les peuples s'avisèrent de réclamer des garanties, sans trop savoir en quoi elles pouvaient consister. Ils comprirent confusément que leur sort n'était plus d'être possédés comme les biens meubles et immeubles qu'ils possédaient eux-mêmes. La société fit des progrès bien lents, il est vrai, bien pénibles, mais assez grands néanmoins dans le cours des quatre derniers siècles, pour rendre les actes arbitraires de plus en plus odieux, et les faire tourner au détriment des autorités qui continuaient de s'en permettre.

Telle est la nature de ces actes qu'ils ouvrent une carrière sans terme, où l'on ne peut rester sans y avancer de crime en crime, et de péril en péril. Les premières injustices, légères en apparence, entraînent aux plus vastes iniquités. On commence par des arrestations, des détentions ordonnées, une à une, contre un petit nombre d'individus. Peu à peu les prisons d'état se remplissent, se multiplient de toutes parts; et bientôt, quelque ténébreux que soient ces abîmes, l'œil le moins pénétrant y découvre des milliers de victimes innocentes. Il n'est pas besoin de fouiller bien avant dans l'histoire de ces prisons, pour se convaincre qu'un prince qui daigne signer des lettres de cachet, consent à devenir l'instrument des plus odieuses intrigues, des passions les plus misérables; qu'il se fait le ministre des vengeances de ses ministres, de celles de leurs commis, correspondans et cliens. Il rabaisse l'autorité suprême au niveau des derniers agens qu'elle soudoie. Il ne veut pas considérer qu'en ne montrant que sa volonté propre, que son bon plaisir, comme la cause immédiate d'une détention, d'un bannissement, d'un exil, il comble l'intervalle que les lois avaient pris soin de mettre entre lui et des accusés, et qu'il descend réellement du trône dans une arène. Peut-être qu'un Clovis, parcourant les rangs confus d'une armée barbare, peut impunément tuer de sa main royale un soldat sauvage comme lui ; mais au milieu d'un peuple éclairé ou même seulement poli, tous les ordres émanés directement du trône contre la sûreté des personnes, sont pour ce trône de légères secousses qui, à force de se répéter, l'ébranlent insensiblement.

Le mal est beaucoup plus rapide lorsque le prince, provoquant les délations comme Tibère ou Louis XI, perpétuant et envenimant la discorde comme Catherine de Médicis, ou épousant, comme Louis XIV, les intérêts et les passions de certaines sectes, tourne contre les sectes opposées les armes du pouvoir arbitraire. Or, partout où ces armes funestes ne sont pas brisées, on en fait immanquablement cet usage, chaque fois qu'il s'élève une discussion politique ou religieuse ; et les partis contraires s'en servent tour-à-tour, au compte de l'autorité suprême qui les leur prête alternativement. Qu'en peut-il résulter pour elle, sinon de rester en butte aux ressentimens des uns et des autres, et de s'attirer par surcroît l'improbation, tout au moins, des spectateurs de ces combats déplorables? Nous examinerons plus tard s'il est à propos d'interdire et de punir des opinions : mais en supposant qu'une loi les eût transformées en crimes, encore faudrait-il que cette loi fût, comme toutes les autres, judiciairement appliquée.

Après un long cours de persécutions purement individuelles, l'instant arrive où le détail en paraît trop laborieux, l'effet trop lent, l'ensemble trop incomplet : on a recours aux mesures générales, aux coups d'état. On incendie, on pille, on massacre, on ordonne des dragonnades, on révoque des édits pacifiques, on rétracte des garanties sacrées, on bannit ou l'on exile tous les membres d'une corporation, d'un parlement, d'une assemblée ; on proscrit *en masse*, expression horrible que la tyrannie a rendue précise et familière ; on proscrit, dis-je, tout un parti, toute une caste, tous les adhérens à une doctrine, tous les signataires d'un appel, d'une pétition, d'une protestation, d'un écrit secret ou public. Hélas! voilà bien imiter ou surpasser les agressions des brigands les plus audacieux, des plus insignes malfaiteurs ; et cependant, lorsque ces coups d'état réussissent, l'étendue et la rapidité de leurs ravages étonnent les esprits : une sorte de respect se mêle à la terreur ou à la stupeur qu'ils impriment. Il y a plus : comme le mal qu'ils font à l'autorité ne se manifeste pour l'ordinaire que plusieurs années après les succès qu'ils lui ont fait obtenir, ils conservent encore je ne sais quel air imposant, alors même que ce mal est arrivé, parce qu'on l'impute à des causes plus prochaines, et que les regards ne se reportent point sur les premières et secrètes blessures que le pouvoir s'est jadis faites à lui-même, en brisant les barrières qui le circonscrivaient et le protégeaient. Supposons qu'une tyrannie ait brillé douze ans de la gloire de ses heureux attentats, et que les revers des deux années suivantes aient suffi pour la renverser : au lieu d'attribuer sa chute à ses prospérités violentes, on aimera mieux s'en prendre aux fautes contemporaines de ses rapides malheurs, sans songer qu'elle était entraînée à les commettre par la nature même des forces qu'elle avait acquises.

Suffit-il donc de nommer un crime, coup d'état ; un mensonge, raison d'état ; et le plus stupide préjugé, maxime d'état, pour qu'ils cessent de paraître odieux, vils et funestes? Non, toute l'histoire, ancienne et moderne, démontre jusqu'à l'évidence que les artifices et les attentats du pouvoir arbitraire aboutissent, de nécessité, à des troubles publics, au milieu desquels ce même genre de pouvoir, en servant d'autres intérêts, en prenant d'autres directions, se reproduit et se perpétue plus horrible encore. En vain le rétablissement des garanties individuelles aura été le but d'une révolution, elle ne les donne jamais tant qu'elle dure. L'ambition, la cupidité, la haine, la vengeance, toutes les passions violentes et malfaisantes, s'emparent de ces mouvemens; et dans ce long tumulte où sont égarés, écrasés tour-à-tour les vaincus et les vainqueurs, si quelques voix redemandent l'ordre et la sûreté, leurs conseils sont déclarés ou perfides ou intempestifs : les *circonstances* périlleuses que des lois régulières et garantissantes pourraient seules faire cesser, deviennent l'argument et le refrain bannal qui sert à proclamer chaque renouvellement de l'injustice et du désordre. En vain, depuis trente ans, les actes arbitraires se seront, en divers sens, multipliés à tel point qu'il ne restera plus personne, pas un seul citoyen, qui n'en ait été une ou plusieurs fois la victime : le pouvoir d'en commettre encore continuera d'être périodiquement réclamé comme un moyen, un gage de salut public. Voilà comment les générations contemporaines de ces catastrophes n'en recueillent jamais que des fruits amers, et comment il est rare que les générations suivantes en héritent de plus heureux. Chercher la sûreté à travers le tumulte est la plus grossière des erreurs : mais un peuple actif et sensible y est invinciblement poussé, quand l'oppression a lassé sa patience. Tout système politique qui permet d'arrêter, d'exiler, de bannir sans jugement, porte en soi le germe des révolutions, et tôt ou tard il les enfante.

Ce système est donc à la fois nuisible aux particuliers, à la société, à l'autorité.

Il n'a jamais eu de partisans que parmi ceux qui se croyaient à l'abri de ses atteintes par quelque privilège ou quelque avantage particulier de leur condition, mais que plus d'une fois il a lui-même désabusés de cette erreur, en dirigeant ses coups sur leurs têtes. Eh ! pourquoi se prescrirait-il de les épargner ? Reconnaît-il des limites, des exceptions, des immunités ? n'a-t-il point intérêt de rabaisser ce qui s'élève? ne doit-il pas, tel que la mort, menacer à la fois tous les rangs, sans que la prudence la plus avisée puisse préserver de ses caprices?

Cependant une sécurité parfaite est le premier besoin d'un peuple industrieux et cultivé. Le prix qu'il y attache se manifeste assez par le vif intérêt qu'il ne manque jamais de prendre aux victimes du pouvoir arbitraire. Partout où il y a un public, c'est-à-dire une partie éclairée de la population, les iniquités particulières que le pouvoir commet sont publiquement honnies, ou si l'horreur qu'elles inspirent est forcée de rester secrète, elle n'en est que plus profonde et plus générale.

Il suit de là que le seul parti à prendre par l'autorité qui voudrait continuer de soumettre une nation à ce régime, serait de la replonger dans l'extrême servitude et dans les ténèbres de la plus épaisse ignorance. Bien des gens prétendent que cela n'est plus possible : il faut avouer au moins qu'il y aurait de grands frais à faire, car les artifices des tyrans du moyen âge ne suffiraient plus : l'extinction des lumières acquises exigerait de plus audacieuses impostures, et de bien plus vastes proscriptions. Si l'on ne veut ni tenter cette expé rience épouvantable, ni s'exposer à des révolutions nouvelles, la sûreté des personnes doit désormais devenir tout-à-fait inviolable.

Or, pour qu'elle le devienne, la première condition est que les lois de proscription, s'il en existe, soient solennellement abrogées. Car on vivrait sous un régime arbitraire, par cela seul qu'elles resteraient en vigueur; et ce serait porter l'insensibilité jusqu'à l'aveuglement, la confiance jusqu'à la stupidité, que de ne pas craindre pour soi-même des traitemens pareils à ceux que tant de victimes ne cesseraient pas de subir encore. Chaque proscription s'annonce toujours comme la dernière; on ne manque pas de dire, *plus que celle-là* : la dernière peut bien être celle que l'on révoque, jamais celle que l'on maintient. Quand une injustice est réparable, ou du moins quand on peut y mettre un terme, on continue de la commettre à chacun des instans où on la prolonge. Il y a, dit-on, de l'inconvénient à redevenir juste : il y en a bien davantage à tarder de l'être; et si l'un des funestes effets de tout acte arbitraire est de rendre périlleuse jusqu'à l'équité qui le doit abolir, ce danger s'accroît d'autant plus que l'équité se fait plus long-temps attendre. Ce qu'un gouvernement doit éviter comme le plus grand des périls, dans un siècle éclairé, c'est l'injustice honteuse et opiniâtre.

La seconde condition est que le pouvoir suprême, renonçant à disposer des personnes par des ordres particuliers d'emprisonnement, de bannissement ou d'exil, réprime, comme des attentats criminels, tous les actes de cette espèce que se permettraient ses ministres, ses agens supérieurs ou inférieurs.

Il faut, en un mot, qu'aucun sujet ne puisse être arrêté ni troublé dans la propriété de sa personne que pour être traduit en justice, ou qu'en exécution d'un jugement. Mais il est trop aisé de sentir que cette garantie deviendrait illusoire si des procédures interminables prolongeaient sans mesure les détentions, ou bien si les choses étaient combinées de telle sorte que la sentence des juges n'exprimât jamais que la volonté des ministres ou autres agens de l'autorité suprême.

Qu'il n'existe aucune liberté, aucune sûreté, quand le pouvoir judiciaire n'est pas distinct de l'exécutif et du législatif, c'est un résultat de la nature même des choses; et Montesquieu l'a rendu si sensible qu'on ne s'avise plus guère de le contester ouvertement. Mais on s'efforce quelquefois de réduire cette distinction à une pure apparence : les ministres changent d'instrumens, et, en quelque sorte, d'habits, pour juger ; ils font si bien que chaque juge, déclaré ou non inamovible, reste lié par ses intérêts personnels à leurs intérêts ; et que la mise en jugement, quand ils l'ont ordonnée, entraîne toujours la condamnation définitive, excepté dans le cas où il leur convient de feindre des accusations, et de confondre, dans les premières poursuites, quelques-uns de leurs propres complices avec les victimes qu'ils ont résolu de frapper.

Un véritable juge est indépendant des ministres : institué aussitôt que nommé, irrévocable hors le cas de forfaiture, il n'a aucune faveur à espérer, aucune disgrâce à craindre. Mais dans les pays où l'on veut que la sûreté des personnes demeure intacte, on ne charge jamais des juges, quelle que soit leur indépendance, de vérifier et de déclarer des faits, en matière de délits et de crimes. En effet, ce n'est point là une fonction habituelle, une magistrature permanente : c'est un service particulier, éventuel, comme celui des témoins : réservé par conséquent à des hommes privés, étrangers à l'administration ordinaire de la justice, et non choisis par les agens d'un gouvernement, ni par les chefs d'un établissement judiciaire.

Nous désignons par le nom de jurés, les citoyens accidentellement chargés de ce service; et c'est d'eux sans doute, plutôt que des juges proprement dits, que parle Montesquieu, lorsqu'il veut qu'ils soient de la *condition de l'accusé ou ses pairs, afin que l'accusé ne puisse pas se mettre dans l'esprit qu'il soit tombé entre les mains de gens portés à lui faire violence.* Il est en effet difficile que le prévenu le plus innocent, s'il n'est en présence que de conseillers et de présidens dirigés par les ministres qui le poursuivent, parvienne à *se mettre dans l'esprit* des pensées rassurantes.

L'institution des jurés est une sauve-garde si naturelle et si nécessaire, que nous en retrouvons le premier germe jusque dans le moyen âge et dans la grossière jurisprudence de nos aïeux. Nous distinguons en France, dès le commencement de la troisième dynastie, outre les pairs féodaux (*pares feudales*), des pairs de communes, *pares communiarum*, qui formaient *la jurée* ou le jury, *jurata*. Nous voyons que dans les domaines de la couronne, les prévôts royaux ne prononçaient sur les causes des plébéiens qu'après l'examen qu'en avaient fait les jurés du lieu, *jurati loci viri ;* qu'ainsi l'on jouissait dès-lors, quelquefois au moins, du droit d'être jugé par ses pairs : et nous en pouvons conclure que le jury, loin d'être une innovation, ne serait chez nous, s'il pouvait s'y établir, que le perfectionnement de l'un de nos anciens usages.

Douze hommes que le sort ne désigne qu'entre 36 que le président d'une cour a choisis dans une liste de 60, sortie des mains de l'administrateur général d'une province, sont 12 commissaires, auxquels le nom de jurés ne pourrait être appliqué que parce qu'on aurait disposé du sens des mots aussi arbitrairement que du sort des personnes. En vain, pour me prouver qu'ils sont des jurés, vous me feriez observer que le gouvernement, s'il est oppresseur, évite encore le plus qu'il peut de les employer, qu'il leur soustrait la connaissance de tous les simples délits et de plusieurs crimes : j'ignore pourquoi il ne prend pas toujours la peine de les choisir parmi ses plus dociles serviteurs, je puis leur savoir gré de tromper quelquefois sa confiance ; mais puisqu'enfin ils sont élus ou appelés par lui, ils ne sont pas des jurés, quelque dignes qu'ils soient de l'être. Il ne peut suffire que la déclaration du fait soit séparée de l'application de la loi : il est de la nature du jury qui déclare que le fait est ou n'est pas constant, de se composer de lui-même, par l'exécution régulière de dispositions légales, et, sauf les récusations qu'elles auront déterminées, sans aucune influence directe ni indirecte de l'autorité sur le choix des personnes appelées à ce service.

Ce qui vient d'être dit s'applique au jury de jugement, non à celui qui le doit précéder, et qui, n'étant chargé que de reconnaître si l'accusation est digne d'examen, pourrait avec moins d'inconvénient se composer de personnes désignées, conformément à certaines règles, par un agent du gouvernement. Si les juges ne sont chargés ni d'admettre l'accusation, ni de la déclarer vérifiée; si les membres de l'un et de l'autre jury sont pris dans une liste d'hommes privés, intéressés à réprimer les désordres et à protéger l'innocence; si les jurés de jugement ne sont jamais choisis par les dépositaires de l'autorité publique; si d'ailleurs on a limité les délais entre l'arrestation d'un prévenu et sa comparution devant le jury d'accusation, puis entre cette comparution et le jugement définitif; si jusqu'à ce dernier terme on n'a exercé sur lui d'autre contrainte que celle qui était strictement nécessaire pour le retenir sous la main de la justice à laquelle il doit répondre; si on lui a pleinement laissé les moyens, non d'anéantir les preuves du fait dont il est accusé, mais de rassembler, d'établir, de développer celles qui tendent à sa justification, il est certain que, soit absous, soit condamné, il aura été traité en sujet du pouvoir légitime, et non en esclave du pouvoir arbitraire.

CHAPITRE II.

De la propriété.

L'HOMME civilisé, maître de sa personne, entend l'être aussi des fruits de son travail, c'est-à-dire des produits que par sa force ou son art il a obtenus de la nature. Il les consomme pour soutenir ou améliorer son existence; et si, à force d'activité, d'habileté, ou d'économie, il a eu le bonheur de produire au-delà de ce qu'il peut ou veut consommer, il met cet excédant en réserve.

Dans une société qui a fait quelques progrès, les produits ainsi accumulés prennent différentes formes. Quelques-uns demeurent tels que le travail les a recueillis ou modifiés, et, selon leurs divers usages, ils s'appellent comestibles, combustibles, vêtemens, meubles, ingrédiens, outils, machines, etc. Par des échanges de ces produits, chaque producteur en acquiert qui n'étaient point immédiatement de lui ni à lui. Bientôt il s'en établit une espèce qui sert de mesure commune à toutes les autres, et dont l'accumulation et l'échange sont plus commodes. Il arrive même qu'on se dispense de l'accumuler : on en cède avantageusement l'usage à ceux qui l'emploieront à reproduire, et l'on se réserve des parts périodiques dans ces produits futurs. Enfin des portions du sol déjà productives ou susceptibles de culture, couvertes ou à couvrir d'habitations, entrent dans ce système général d'échanges.

Fonds territoriaux, rentes ou revenus pécuniaires, sommes d'argent, produits manufacturés ou naturels, telles sont les principales formes sous lesquelles un homme possède ceux des fruits de son travail qu'il ne consomme point et qu'il accumule. Tous ces fruits, quelques formes qu'ils aient prises en s'accumulant, sont des richesses, des biens, des capitaux, des propriétés. Réserver ce dernier nom aux seuls domaines territoriaux, c'est employer un langage inexact et dangereux. Tous ont la même origine ; tous sont ou représentent des excédans du produit des travaux sur les consommations ; tous sont donc également inviolables. Une portion du sol est une base, ou bien un récipient, une machine, un laboratoire : tantôt elle soutient des habitations manufacturées, tantôt elle recèle ou resoit des substances qui, par l'association des forces de l'homme aux forces de la nature, deviennent des produits.

Pour garantir et achever le système des propriétés, les lois ont reconnu et déterminé les modes et conditions des échanges, des acquisitions, des transmissions, des successions, de telle sorte qu'il n'existe à-peu-près aucune chose mobilière ou immobilière, ayant quelque valeur, dont on ne puisse assigner le propriétaire, à l'exception du moins d'un petit nombre de cas qui, n'ayant point été prévus, seraient restés litigieux. Pour tous les autres cas, les lois ont désigné le propriétaire actuel, et tous les propriétaires futurs : elles ont décidé, sur les transmissions diverses, toutes les questions que l'équité purement naturelle aurait pu trouver problématiques. Ce système, par lequel l'ordre social s'est développé et perfectionné, est aujourd'hui le plus étroit des liens qui unissent entre eux les habitans d'un même pays et même de pays divers.

La propriété fonde l'indépendance. C'est à mesure qu'un homme accumule et féconde les fruits de son travail, qu'il dispose davantage de ses facultés personnelles, physiques et morales, se dégage du joug des volontés particulières des autres hommes, et se met en état de ne plus obéir qu'aux lois générales de la société. Par instinct ou par réflexion, nous aspirons tous à ce terme; et quoiqu'il soit impossible que le plus grand nombre y parvienne, la société la plus sage et la plus prospère est celle où il se fait le plus de pas pour en approcher. Aussi le mot de propriété est-il l'un de ceux que les véritables tyrans ne peuvent entendre sans colère : il leur dévoile les limites de leur puissance. Ils sentent que pour être pleinement les maîtres de tous les hommes, ils ont besoin de l'être aussi de toutes les choses : ils frémissent à l'aspect d'un propriétaire, même de celui qu'ils ont enrichi, s'ils ne se sont pas réservé les moyens de l'appauvrir. Tout au contraire, un pouvoir légitime sentira, s'il est éclairé, qu'il serait en péril au milieu d'une population misérable, et que pour attacher à lui ceux qu'il gouverne, il doit surtout les attacher à ce qu'ils possèdent, et, loin d'en être jamais le ravisseur, s'en constituer le garant.

A l'exception des voleurs de profession, il n'y a personne qui ne demande la répression des vols particuliers; c'est le but d'une multitude de lois. Or, il n'est pas croyable qu'en prenant contre ces attentats des mesures si justes et si rigoureuses, on ait voulu attribuer à l'autorité le droit de les commettre impunément. Il a été quelquefois déclaré que l'état ne pourrait s'emparer d'un domaine privé qu'après avoir constaté la néeessité de l'affecter à un service public, et pleinement indemnisé, satisfait le propriétaire. La spoliation interdite par cette déclaration était jadis la plus rare de celles que se permettait le pouvoir. On a fort bien fait de la condamner : peut-être même n'a-t-on pas pris assez de précaution pour la rendre impossible. Mais ce que nous avons à reconnaître ici, c'est que le motif qui réprouve cette première espèce de spoliation, s'applique immédiatement à toutes celles qu'on a moins jugé à propos de prévoir, par exemple, aux banqueroutes, aux altérations de monnaies, aux lois rétroactives, aux impôts excessifs ou mal répartis.

Si le pouvoir suprême a contracté des dettes envers des particuliers, comment se croirait-il dispensé de les acquitter, lui qui doit employer sa force à faire accomplir tous les autres engagemens? De savoir si une dette publique n'est pas un très-grand mal, c'est une question qui ne serait pas tout-à-fait étrangère à l'examen des garanties individuelles ; car une dette énorme peut les compromettre de plus d'une manière : mais la principale raison de ne pas la contracter, consisterait dans les périls à courir en ne l'acquittant point ; et par conséquent il doit nous suffire de reconnaître ici la nécessité de la payer. Or, cette nécessité résulte non-seulement des plus simples notions d'équité naturelle, mais encore des dangers attachés à toute déloyauté. J'avoue que les banqueroutes particulières ne sont plus des désastres pour la plupart de ceux qui les font : les succès que l'autorité laisse obtenir à ces voleurs privilégiés peuvent lui sembler des préparatifs et des présages de ceux qu'elle obtiendrait elle-même en pareil cas ; mais elle doit penser qu'elle blesserait bien plus d'intérêts, et qu'il n'y aurait rien au-dessus d'elle pour la protéger comme elle protège les banqueroutiers vulgaires. Probablement ses iniquités retomberaient de tout leur poids sur elle-même ; et le jour où elle tenterait de manquer à une partie de ses engagemens, le jour même où l'on commencerait à craindre de la trouver infidèle, serait le premier jour de sa décadence : elle ne faillirait pas sans tomber.

Une autre fraude, non moins périlleuse,

consisterait soit dans l'altération des monnaies, soit, ce qui revient au même, dans le cours forcé d'un signe qui n'aurait point de valeur intrinsèque. Un papier, quel que soit son gage, n'est jamais une monnaie: et du moment où, par quelque raison que ce soit, il ne peut plus s'échanger à volonté, et sans aucune perte, contre la monnaie qu'il représente, la force employée pour le faire accepter en échange des valeurs réelles est un vol à main armée, et d'autant plus odieux que cette arme est une loi. Croyons que les lumières publiques ont fait perdre à l'autorité le moyen d'exercer de pareils brigandanges, que désormais aucun roi ne redeviendra faux-monnoyeur; et, qu'après tant de ruines causées par des signes fictifs, aucune imposture, aucune violence, ne donnera plus à des billets quelconques le crédit qu'ils n'obtiendraient pas immédiatement d'eux-mêmes.

Pour troisième espèce d'attentats publics aux propriétés, nous avons à signaler les lois qui annuleraient les acquisitions et les transmissions consommées conformément à des lois antérieures. Sans doute, si l'on aperçoit des erreurs ou des abus dans les modes d'achat ou de succession précédemment institués, une loi nouvelle peut en établir de meilleurs pour l'avenir. L'équité ne réprouve que les dispositions rétroactives qui infirmeraient les acquisitions légalement faites jusqu'alors. Toutes les propriétés, sans exception, perdraient leur garantie dans un pays où quelques-unes recevraient de pareilles atteintes, et où il serait possible d'abolir des titres fondés sur des lois. L'examen de l'origine d'une propriété finit au point où l'on rencontre la loi qui l'a consacrée. C'est employer un langage insocial et anarchique que de distinguer les domaines territoriaux par des noms qui en rappellent l'origine ancienne ou récente, féodale ou fiscale, bénéficiaire ou vénale, patrimoniale ou personnelle. De telles recherches n'aboutissent qu'à semer la discorde et l'inquiétude, qu'à exposer tous les droits acquis aux caprices des opinions et des pouvoirs, qu'à replonger la société dans le désordre dont les lois l'ont délivrée. C'est peu que l'autorité souveraine s'abstienne encore d'attentats par trop directs à certains genres de propriétés : elle ne doit permettre à personne de les menacer en son nom. Si ses ministres, si les fonctionnaires civils ou ecclésiastiques qu'elle salarie, désavouaient, par des déclamations publiques, les garanties qu'elle feint de conserver, elle s'exposerait à tous les reproches que méritent la déloyauté, l'injustice, la faiblesse et l'hypocrisie.

Les lois compromettent aussi les propriétés si elles compliquent les procédures nécessaires pour les revendiquer et pour les défendre, s'il est quelquefois moins dommageable d'en perdre une que de la recouvrer judiciairement; si l'on entretient, aux frais des propriétaires, une populace d'officiers publics, habiles à obscurcir les droits, à éterniser les procès, et dont le ministère spoliateur soit néanmoins l'unique ressource contre les autres spoliations. Mais le brigandage le plus ordinaire et le plus général que le pouvoir exerce contre les propriétés, consiste dans l'excès des impôts.

Toute association suppose des dépenses communes auxquelles doivent contribuer tous les associés. La nécessité des impôts est incontestable, et il est d'ailleurs difficile d'assigner la limite précise qu'ils ne doivent point outrepasser. La théorie générale de l'économie publique a fait beaucoup de progrès ; mais elle n'a point encore été assez appliquée à l'administration publique. Il s'en faut qu'on ait un système où soient exposées et enchaînées les notions relatives aux recettes et aux dépenses d'un état : aux sources des premières, aux objets des secondes ; aux effets, aux circonstances et aux règles des unes et des autres. Nous serons donc obligés de nous restreindre ici à des généralités, c'est-à-dire, à condamner d'une part les dépenses superflues qui ne correspondent point à des services publics, ou rigoureusement indispensables, ou du moins d'une très-grande utilité ; de l'autre, les recettes nuisibles, savoir, celles qui produisent l'un de ces deux funestes effets, ou de ne pas laisser à une partie des contribuables les moyens de faire les consommations strictement réclamées par leurs besoins physiques, ou de diminuer progressivement l'excédant des productions sur les consommations. C'est par l'examen et le calcul de cet excédant que doivent se résoudre toutes les questions relatives au luxe qu'entretiennent les recettes de l'état, en se distribuant entre les dignitaires, fonctionnaires, pensionnaires, employés, fournisseurs, et autres personnes dont on paye les services actuels ou passés : il s'agit de savoir si, parmi les contribuables non dotés, non pensionnés, non salariés, les consommations ne sont pas demeurées au-dessous du nécessaire; et si, au-delà de ces consommations, il est resté plus ou moins qu'auparavant de produits accumulés.

Dans l'impossibilité où l'on est d'appliquer des maximes si générales aux différentes circonstances où peut se trouver un peuple, l'unique moyen de s'assurer que l'impôt ne dépassera point ses véritables limites, est qu'il soit voté annuellement par une assemblée de représentans des contribuables. Nous n'envisageons point ici les autres pouvoirs qu'exercerait cette assemblée : celui-ci suppose qu'elle est composée d'hommes auxquels il importe que l'autorité se maintienne, que tous les vrais services publics soient remplis, que nul créancier de l'état n'éprouve de dommage; mais aussi qu'aucune classe de contribuables ne s'appauvrisse, que la richesse nationale, ou l'excédant des produits sur les consommations, s'augmente, ou du moins ne décroisse jamais. Le vote de l'impôt serait fictif s'il émanait d'hommes qui, par leurs fonctions ou leur condition, n'auraient intérêt qu'à l'accroissement des dépenses publiques.

Je crois superflu d'ajouter que les contributions, quelles qu'elles soient, doivent être partout proportionnelles aux propriétés ou aux jouissances, et qu'en exempter en tout ou en partie certains propriétaires ou certains consommateurs, c'est faire payer leur dette par les autres : véritable vol qui tend, comme toute injustice, à la dissolution des sociétés, et contre lequel on ne peut jamais être pleinement rassuré qu'en choisissant des représentans bien résolus à n'être jamais ni volés ni voleurs.

On conçoit enfin qu'il n'y aurait de garanties ni pour les créanciers de l'état, ni pour les contribuables, si des emprunts, par lesquels s'accroîtrait la dette publique et qui obligeraient d'augmenter les impôts, pouvaient s'ouvrir sans le consentement d'une assemblée de représentans intéressés au bon ordre des dépenses et des recettes. L'expérience a bien cruellement enseigné à quels résultats aboutissent les embarras de finances. Or, ces embarras naissent, soit de l'augmentation progressive de la dette publique, soit des banqueroutes complètes ou partielles, soit de l'altération des monnaies métalliques ou du cours forcé des papiers-monnaies, soit des atteintes portées à la propriété par des lois rétroactives, ou par d'autres actes imputables à l'autorité suprême; soit enfin des dépenses déraisonnables et des impôts excessifs ou mal répartis qu'elles nécessitent. La propriété n'est pleinement garantie que par l'absence ou la répression efficace de tous ces désordres.

Si l'autorité exécutive, abandonnée à elle-même, peut, en matière de finances, tout ce qu'elle veut, sa destinée sera de sentir toujours des besoins, de s'en créer sans cesse, d'y pourvoir par les moyens les plus rapides, de ne mettre aucun terme aux dépenses, parce qu'elle ne trouvera aucune difficulté aux extorsions; d'épuiser peu à peu toutes les sources de reproduction et tous les gages de crédit, de prodiguer également les faveurs et les rigueurs, de s'environner d'un luxe insensé, tandis qu'à l'exception de ses courtisans tout languira dans une pénurie extrême; de se croire cependant bien affermie et toute-puissante, et d'ignorer la profondeur de l'abîme qu'elle creuse sous ses pas.

On a beau compliquer le système des finances publiques; on ne portera jamais remède aux effets désastreux des dépenses excessives. S'il en est d'exigées par des conjonctures impérieuses, par des guerres inévitables ou par des revers irréparables, c'est une raison de plus de réduire toutes les autres au plus strict nécessaire. Que diriez-vous d'un particulier à demi ruiné par des procès, des incendies, des ravages, qui, loin de rien retrancher de ses profusions, déjà monstrueuses avant ses malheurs, redoublerait de faste, de prodigalité, d'incurie, de dissipation ? Le luxe dévorant des cours et les déprédations administratives sont nuisibles dans les temps les plus prospères : mais si, au sein d'un état appauvri par l'invasion et l'occupation de son territoire, d'imprudens ministres avaient doublé ou le nombre ou les traitemens des fonctionnaires publics, des prélats, des directeurs généraux, des gouverneurs; s'ils avaient transformé la moitié des anciens employés en pensionnaires, en leur donnant des successeurs moins habiles et plus chèrement payés ; s'ils avaient réformé et pensionné une partie de l'armée nationale pour soudoyer des soldats étrangers ; s'ils avaient enfin distribué à titre purement gratuit et à pleines mains des pensions innombrables : sans doute, pour égaler les recettes à de si folles dépenses, il eût bien fallu maintenir ou établir une multitude d'impôts directs et indirects, de contributions tant générales que locales; ouvrir de plus, chaque année, de nouveaux emprunts, par conséquent ruiner ou menacer toutes les classes de propriétaires, et compromettre le sort des créanciers du gouvernement.

CHAPITRE III.

De l'industrie.

Nous aurions pu parler de l'industrie avant de rien dire de la propriété. Car, ainsi que nous l'avons observé, la propriété est le fruit du travail; elle est née de l'industrie. Mais lorsqu'on envisage la société dans son état actuel, ce sont les propriétés qu'on aperçoit immédiatement après les personnes : du premier coup-d'œil, on ne voit encore que les hommes et les choses qu'ils possèdent; et c'est pour ces deux ordres d'élémens du corps social que l'on réclame les premières garanties.

Cependant l'industrie est nécessaire, non-seulement pour qu'il commence à exister des produits, mais pour que les personnes auxquelles ils appartiennent en jouissent et les conservent. L'industrie fournit aux propriétaires les objets de leurs consommations successives; et elle seule aussi donne de la valeur à leurs capitaux en les employant obtenir de nouveaux fruits. Les propriétés acquises et les jouissances des propriétaires décroîtraient à mesure que le travail viendrait à se ralentir.

On distingue trois industries, la première agricole ou extractive, la seconde manufacturière, la troisième commerciale. Il n'est pas de notre sujet d'examiner comment, quelquefois séparées et successives, quelquefois conjointes et simultanées, elles embrassent tous les genres de travaux, tout ce qu'il faut de préparatifs, de transformations et de transports, pour placer chaque produit sous la main du consommateur, dans l'état où il veut le recevoir; ni comment la division et les subdivisions indéfinies du travail ont multiplié les forces de l'homme et de la nature, accru, varié, perfectionné les productions, agrandi et accéléré le cours des prospérités sociales.

Outre ces diverses industries, qui tendent toutes à obtenir des produits physiques, il en est d'accessoires qui consistent dans les soins à prendre de certains intérêts des producteurs et des consommateurs; par exemple, de leur santé, de leurs affaires, de leurs droits civils, de leur instruction, de la culture et des plaisirs de leur intelligence. Tels sont les services que la société reçoit ou espère des médecins, des jurisconsultes, des instituteurs ou professeurs, des écrivains, des artistes; tous hommes qu'il convient de compter parmi les producteurs, si, en effet, ils aident ou enseignent à produire, et s'il est sûr qu'on produirait moins sans l'intervention de leurs industries auxiliaires. En général, et à fort peu d'exceptions près, tout membre de la société est à la fois consommateur et producteur : cette distinction conçue comme une division de la population en deux classes, serait extrêmement erronée. Des capitalistes, des rentiers, sont des producteurs, puisqu'ils fournissent, ou ont fourni les produits accumulés qui servent à reproduire. Les dépositaires même ou agens de l'autorité, les fonctionnaires civils et militaires, si leurs services ne sont ni malfaisans, ni superflus, ni chimériques, deviennent réellement les gardiens des propriétés, les protecteurs des travaux, et par conséquent de vrais coopérateurs : ils remplissent des tâches importantes, indispensables dans ce laboratoire immense, dont la société offre aujourd'hui le spectacle.

Un tyran, doué d'un rapide instinct ou d'une vaste pénétration, a dû concevoir l'idée de se faire l'entrepreneur ou directeur universel de tous les travaux; de transformer tous les travailleurs en employés, d'assigner à chacun sa tâche et ses salaires, d'assujétir les mouvemens de l'industrie à des lois communes, et de les comprendre tous dans la sphère de l'administration politique. Quelque gigantesque que soit ce système, il est pourtant le seul capable d'établir le parfait despotisme dans un pays où les arts commenceraient à faire des progrès. Aussi voyons-nous que durant les siècles d'esclavage, si l'on ne s'est pas élevé tout-à-fait jusqu'à ce système, on s'en est rapproché le plus possible à force d'environner d'obstacles presque tous les efforts de l'industrie. Nous allons distinguer jusqu'à dix espèces d'entraves imaginées pour la comprimer, et nous ne sommes pas sûrs de n'en oublier aucune : mais celles qui ne seraient pas comprises dans ces dix classes, auraient, sinon les mêmes formes, du moins les mêmes caractères et les mêmes effets.

Avant d'entamer ce détail, nous devons avouer que l'état présent des habitudes, des opinions, et surtout des pratiques administratives, ne permet guère à l'industrie d'espérer qu'elle sera prochainement affranchie de toutes ces entraves. Tout ce qu'on peut aujourd'hui demander pour elle, c'est que le pouvoir s'abstienne de la surcharger de nouveaux liens, de renouer ceux qui se sont rompus, de resserrer ceux qui subsistent.

On interdit quelquefois comme nuisibles, non pas seulement les industries bien peu nombreuses, dont les produits seraient naturellement pernicieux, et dont les procédés entraîneraient des périls imminens, mais celles dont on feint de redouter pour la société les abus, les inconvéniens, les conséquences indirectes; et comme en effet il est possible d'employer abusivement les procédés ou les produits de presque tous les arts, à peine en restera-t-il un seul à l'abri des caprices d'une puissance arbitraire, si elle n'a besoin, pour les proscrire, que de prévoir les mauvais effets qu'il peut accidentellement amener. N'ayez peur qu'elle interdise les professions les plus contraires aux bonnes mœurs, et à l'honnêteté publique; mais elle prohibera les plus honorables, si elles lui paraissent menacer les intérêts particuliers qu'elle s'est créés à elle-même.

D'un autre côté, il y en aura plusieurs qu'elle déclarera trop importantes, trop critiques, trop délicates pour être abandonnées à quiconque voudra les exercer. Elle ne les permettra qu'à ceux qui auront subi certaines épreuves, donne certains gages de leur habileté et de leur fidélité. Je n'hésiterais guère à dire que, loin de préserver la société des méfaits de l'impéritie et de la fraude, ces probations ne serviront le plus souvent qu'à donner du crédit à l'ignorance, des titres au charlatanisme ; qu'elles se réduiront à de vaines formalités et à des prestations pécuniaires ; car on ne pourra pas négliger de si belles occasions de recueillir quelque argent au profit du gouvernement, ou d'un ordre quelconque de préposés, ou de je ne sais quelle corporation gothique. Cependant les peuples semblent tellement accoutumés à ce régime, que beaucoup d'imaginations s'alarmeraient vivement, s'il redevenait permis de s'intituler médecin, pharmacien, homme de loi, sans avoir soutenu des thèses et payé des diplômes. Passons donc ce point, à condition pourtant que ces épreuves ne seront pas trop chères, et qu'elles ne rendront jamais ces professions inaccessibles à ceux qui s'y seront plus raisonnablement préparés.

Une troisième pratique est de limiter le nombre des personnes à qui une industrie sera permise. Pour le coup, voilà bien transformer en offices publics des professions particulières, et confondre à plaisir ce qu'il est bien facile de distinguer. Que l'autorité fixe le nombre des officiers qu'elle institue, rien n'est plus simple : mais comment lui appartient-il d'instituer des manufacturiers, des voituriers, des ouvriers, des artistes? Qu'est-ce, par exemple, qu'un imprimeur, sinon un artiste qui entreprend, pour son compte ou pour le compte d'autrui, de multiplier les copies des productions littéraires? Pourquoi, par des priviléges réservés à quelques personnes, abolissez-vous le droit commun que nous avons tous d'embrasser, à nos risques et périls, de pareilles professions? A quels titres prétendez-vous circonscrire et diriger tous les travaux humains, depuis les plus hautes entreprises jusqu'aux métiers les plus vulgaires; hélas! peut-être jusqu'aux humbles services pour lesquels l'enfance ou l'indigence extrême obtient les salaires les plus modiques? N'est-il donc pas de la nature d'une industrie privée de rester libre et indépendante, sauf la répression des crimes ou délits commis en la pratiquant?

Pour quatrième genre d'entraves, on a imaginé de réunir en confréries ou communautés ceux qu'on autorisait à exercer un même art ou un même négoce, de les assujétir à de longs règlemens de corps, de leur imposer des chefs pris dans leur sein ou hors de leur sein, et de leur imprimer des habitudes ou allures à-peu-près semblables à celles des associations religieuses. Ces institutions, nées au moyen âge, avaient apparemment pour but de *prévenir* l'essor du talent, de retenir les arts et le commerce sous le joug des préjugés et des routines, et d'introduire entre ceux qui couraient une même carrière, de misérables rivalités, au lieu des relations naturelles et profitables que le cours libre des affaires et des intérêts aurait entretenues parmi eux. On allègue néanmoins, pour perpétuer ou ressusciter ces corporations, des motifs d'utilité publique : mais comme ils s'appliquent à plusieurs autres mesures également nuisibles à l'industrie, nous achèverons de les indiquer toutes, avant d'examiner les prétextes qui leur sont communs.

Cinquièmement donc on viole les domiciles, pour y faire, selon la nature, les objets et les circonstances de chaque travail, des visites de police, non à l'occasion de quelque délit expressément dénoncé, mais spontanément et par simple curiosité, pour savoir ce qui se passe, et rechercher si, par hasard, l'industrie ne contrevient pas à l'un des mille statuts qui pèsent sur elle. Tant pis pour les entreprises qui auraient besoin de rester secrètes, pour les essais qu'il ne faudrait pas divulguer, pour les procédés nouveaux dont il importerait de constater l'invention. On a voulu que nul atelier, nul laboratoire ne restât fermé à l'œil inquiet de la police; que ses regards pussent tout poursuivre, tout atteindre et tout dessécher.

On a fait bien mieux encore à l'égard de certaines professions. Pour être bien sûr qu'elles ne feront jamais ce que l'autorité ne voudra pas qu'elles fassent, on les a placées sous la direction d'administrateurs généraux, dont les fonctions, nécessairement despotiques, ravissent à ces industries particulières tout reste de liberté. L'art typographique, quoique soumis à toutes les autres entraves, a été spécialement retenu sous cette sixième oppression.

Le septième genre d'empêchement est d'une toute autre nature : c'est peut-être celui dont la singularité frapperait le plus des yeux qui n'y auraient point été accoutumés dès l'enfance. Il consiste à supprimer deux mois de l'année industrielle : à interdire, en certains jours, la plupart des travaux humains. Assurément rien n'est plus respectable que le motif religieux qui peut porter les particuliers à interrompre librement le cours de leurs occupations lucratives ; mais que ce repos soit commandé à tout le monde par une loi politique, voilà ce qu'il est difficile de concilier avec l'ordre social proprement dit, où les hommes, gouvernés et non possédés, s'appartiennent à eux-mêmes. S'il ne s'agissait que des travaux que l'autorité salarie, que de ceux encore qui s'exécutent sous ses yeux dans les lieux publics, on pourrait la disculper d'injustice, et ne lui reprocher qu'un faux calcul. Mais c'est plutôt tout le contraire : vous la verrez, pour le plus mince intérêt, pour la plus légère convenance, se dispenser de la règle qu'elle vous impose ; vous la verrez, d'ailleurs, permettre en ces jours-là, à toutes les industries futiles, la plus turbulente et souvent la plus licencieuse publicité : tout est bien, pourvu que vous ne restiez pas maîtres, dans vos maisons, vos ateliers, vos magasins, de limiter ou d'étendre, à votre gré, les mouvemens de votre activité, selon vos intérêts, vos besoins, vos habitudes morales ou religieuses. Est-ce donc que les infirmités, la paresse et les vices qu'elle engendre, ne diminuent pas déjà bien assez la masse des travaux, la somme totale des produits? Pourquoi, après toutes les pertes qu'entraînent tant de causes physiques et morales, exiger encore la perte d'un septième ou d'un sixième de ce qu'elles n'absorbent point? Est-il donc si nécessaire de prescrire au pauvre l'oisiveté, et de lui offrir, soixante fois par an, les occasions de consommer en un seul jour une grande partie des faibles salaires qu'il a obtenus durant plusieurs autres? Notez que la plupart des professions élevées échappent à cette loi : elle excepte les médecins, elle n'atteint ni les jurisconsultes, ni les hommes de lettres, ni les artistes d'un ordre supérieur; et ne diminue pas les gains des employés du gouvernement. On a prétendu que l'artisan pauvre y gagnait aussi du repos, attendu que ses travaux de sept jours finiraient par n'être pas plus payés que ceux de six. Mais si l'expérience n'avait pas démenti positivement ce résultat imaginaire, l'absurdité en deviendrait sensible à quiconque en poursuivrait les conséquences : car il s'ensuivrait qu'une réduction plus grande encore des journées laborieuses tournerait de plus en plus à l'avantage des journaliers, et que leur sort resterait le même, s'ils se reposaient huit ou dix jours par mois au lieu de quatre ou cinq. Le vrai résultat est que cette loi est surtout dommageable au pauvre, quoiqu'elle tourne aussi au détriment de la société entière, à qui elle fait perdre un septième ou un sixième de la masse des produi

Mais, en huitième lieu, l'autorité souveraine s'attribue des monopoles. Elle se réserve exclusivement certains genres d'exploitations. Elle seule vendra ou fera vendre du tabac, du sel, du salpêtre, des journaux, des cartes à jouer; demain peut-être du pain. Car elle n'a aucune raison de s'arrêter à un terme quelconque; et si elle veut bien ne pas exercer certains genres de commerce, il faudra lui en savoir gré.

Son avant-dernière atteinte à l'industrie particulière, est de prohiber l'exportation, ou l'importation des divers produits naturels ou manufacturés, et de resserrer ainsi l'étendue du marché où l'échange doit s'en faire. Ces prohibitions, il le faut avouer, sont quelquefois conseillées, presque exigées par les traités qui se concluent, contre l'intérêt des peuples, entre les gouvernemens. Long-temps aussi on a mis une importance extrême à ce qu'on appelait la balance du commerce, c'est-à-dire, à ne pas livrer à une nation voisine plus d'argent qu'on n'en recevait d'elle : comme si les monnaies étaient, dans le monde, les seules valeurs! comme s'il y avait autre chose à considérer, dans un échange, que l'égalité du prix réel ou de l'utilité des choses échangées! comme si, enfin, l'unique intérêt général d'un peuple n'était pas de voir toujours croître, par des moyens quelconques, l'excédant de ses produits sur les consommations pleinement suffisantes à ses besoins!

Enfin l'industrie a été entravée par une multitude de lois fiscales, d'impôts indirects établis non seulement sur les importations et exportations, mais sur les transports dans l'intérieur de l'état, sur l'exposition dans les marchés, presque sur chaque circonstance de l'exploitation, de la fabrique, du négoce, et de la consommation. Dira-t-on que ces impôts retombent sur les seuls consommateurs, ou bien sur les seuls propriétaires territoriaux? L'industrie sait trop que c'est elle qu'ils frappent immédiatement, bien qu'il soit encore vrai qu'en diminuant les produits et les consommations, ils appauvrissent, exténuent toute la société. Cependant une dette publique, une guerre ruineuse, et d'autres causes, peuvent élever les dépenses d'un état à un si haut terme qu'il n'y ait pas moyen d'y subvenir par des contributions directes, et qu'il faille se résigner à beaucoup d'autres impositions casuelles ou furtives : c'est une nécessité bien déplorable ; car les impôts indirects provoquent la fraude, exigent des frais de perception qui absorbent un tiers des recettes ; et le prétendu avantage qu'on leur trouve d'échapper à l'attention de la plupart des contribuables, en se fondant et se cachant en quelque sorte dans le prix des choses, n'est réellement qu'un obstacle de plus aux progrès de la saine économie domestique. Quoi qu'il en soit, nous devons nous borner à demander ici pour l'industrie deux garanties que nous avons déjà réclamées pour la propriété, savoir, la réduction des dépenses publiques au strict nécessaire, et le consentement d'une assemblée représentative à l'établissement de tout impôt.

Chacun des dix genres de prohibitions ou empêchemens que nous venons de parcourir, tient à quelques idées, habitudes, ou circonstances particulières. Mais il nous reste à examiner les prétextes généraux, les raisons bannales qui soutiennent à-la-fois plusieurs de ces institutions tyranniques. Pour peu qu'on réfléchisse sur la multitude, la variété, la complication des mouvemens de l'industrie.

on sent assez qu'ils ne sauraient tous s'accomplir avec une telle régularité, qu'il n'y ait jamais ni perte, ni mécompte. Des causes purement naturelles rendront certaines denrées ou rares ou surabondantes. Différentes causes, morales ou physiques, influeront sur certaines consommations, pour les resserrer ou les étendre plus qu'il ne convient. Des travaux seront mal entrepris, mal conduits, mal exécutés : parmi les hommes qui embrasseront une profession, il y en aura d'inhabiles ; et le charlatanisme enfin ne cessera d'avoir des succès que lorsque les lumières, partout disséminées, seront parvenues à un terme dont elles sont encore assez loin. En attendant, qu'arrive-t-il ? L'autorité fait grand bruit de tous ces désordres, et se prétend capable d'y obvier, en s'interposant, le plus possible, dans tous les services particuliers, entre ceux qui les rendent et ceux qui les reçoivent. Elle a, sans contredit, des fonctions à remplir, pour assurer la fidélité des échanges ; elle doit déterminer les poids et mesures, déclarer la valeur des monnaies, vérifier les métaux précieux dont la reconnaissance serait impossible à la plupart des acheteurs, enfin entretenir des tribunaux chargés de redresser les torts et de reprimer les fraudes. Mais se fondant toujours sur sa maxime favorite, que le plus sûr moyen de réprimer est de prévenir, elle s'arroge le droit d'intervenir partout où se font des travaux, des services, des échanges; et le résultat de cette intervention, aussi dispendieuse que despotique, est que, ne prévenant en effet aucun abus, ne réprimant pas même, à beaucoup près, toutes les infidélités scandaleuses, elle dépouille seulement l'industrie de son indépendance et de ses garanties, gêne tous les mouvemens, ralentit tous les progrès, et arrête le cours de l'activité et de la prospérité universelle. Ce qui arriverait si l'autorité ne s'en mêlait point, ce qui arrive même en partie, quoiqu'elle s'en mêle, c'est, malgré des irrégularités inévitables, un équilibre naturel et constant entre les services et les besoins. Il suffit qu'elle ne l'empêche pas, pour que tous les produits demandés adviennent : un cours réglé s'établit dans les prix de toutes choses ; à la fin, les meilleurs services sont généralement préférés, et cette préférence entraîne tous les arts dans leur véritable carrière. C'est la nature qui fait l'ordre, c'est le despotisme qui le dérange ; et le dérèglement le plus monstrueux est celui qu'engendrent les règlemens arbitraires et superflus.

Plusieurs peuples sont sortis pour toujours des systèmes politiques, qui retenaient une grande partie de la population dans l'esclavage, ou dans une misère profonde. Vainement aussi on nous reproduirait le simulacre d'une gloire nationale, compatible avec la détresse de la plupart des familles : tout annonce que cette illusion puérile ne serait plus d'une longue durée. Nous commençons à ne plus voir que de honteux brigandages dans ces conquêtes qui, en ruinant les vaincus, n'enrichissent que pour peu d'instans les vainqueurs. Cet exercice même des droits de cité, qui s'appelle liberté politique, nous fatiguerait bientôt, s'il n'était un moyen efficace de garantir la liberté civile et le bonheur individuel. Ainsi, en dernière analyse, la prospérité publique n'est plus à nos yeux que l'industrie particulière la plus active, qui va introduisant et distribuant l'aisance dans le plus grand nombre possible d'habitations. Or, pour atteindre ce but, que nous considérons comme le seul auquel doive tendre l'ordre social, il faut qu'au moins l'industrie se dégage peu à peu des liens qui l'entravent. Je dis peu à peu, parce que parmi ces liens il en est peut-être auxquels l'opinion donne encore trop de force pour qu'on puisse espérer de les rompre soudainement sans péril. Mais s'il faut s'abstenir de réclamer à-la-fois toutes les garanties qui semblent dues aux industries privées, au moins est-il permis d'assurer que l'autorité compromettrait la sûreté de l'état, et par conséquent la sienne propre, si elle inventait de nouvelles prohibitions, si elle rétablissait celles qui ont cessé, si elle ne s'efforçait pas d'adoucir et d'abolir par degrés toutes les autres, et si elle ne fortifiait pas, du consentement d'une assemblée représentative, les dispositions coërcitives, pénales et fiscales qui continueraient de comprimer la liberté industrielle.

On convient assez que la société commencerait à se dissoudre, du moment où les propriétés, c'est-à-dire les produits accumulés, cesseraient d'être inviolables. Mais les atteintes à l'industrie ou à la faculté de produire ne sont pas moins dangereuses, puisqu'elles empêchent ceux qui ne sont pas propriétaires de le devenir; et ceux qui le sont, de mettre à profit et de posséder réellement ce qu'ils ont acquis.

CHAPITRE IV.

De la liberté des opinions.

Le mot *liberté* a donné lieu à beaucoup de controverses, soit parmi les métaphysiciens, soit parmi les politiques. Il a deux significations très-distinctes.

D'une part, lorsqu'on dit que la volonté humaine jouit d'une parfaite liberté, on assure qu'entre deux déterminations opposées, elle a le pouvoir de prendre à son gré l'une ou l'autre, et par conséquent de résister aux motifs et aux sentimens qui l'entraînent vers celle qu'elle embrasse.

De l'autre part, quand on réclame la liberté civile, on demande qu'aucun obstacle extérieur ne vienne nous empêcher d'agir conformément aux déterminations que nous avons prises, si elles ne sont point attentatoires à la personne ou à la propriété d'autrui.

Nous n'avons point à nous occuper de la liberté envisagée dans le premier sens ou sous l'aspect métaphysique : cependant comme nous devons parler ici *de la liberté des opinions*, il nous importe de remarquer d'abord qu'un homme raisonnable n'a réellement point la faculté de se déterminer entre deux opinions contraires. Sans doute, avant d'embrasser l'une ou l'autre, il lui a été possible de les examiner avec plus ou moins de maturité, de considérer la question sous toutes ses faces, ou seulement sous quelques-unes. Nous n'avons que trop aussi le pouvoir de ne conformer ni nos actions ni notre langage à nos opinions, de démentir la plupart de nos pensées par notre conduite et par nos discours. Mais à ne prendre que notre pensée en elle-même, telle qu'elle est en notre conscience, après une suite donnée d'observations et de réflexions, il n'est pas vrai de dire qu'elle soit libre, qu'il dépende de nous, dans cet état déterminé de notre esprit, de penser autrement que nous ne pensons. C'est de quoi l'on convient assez, au moins à l'égard des propositions reconnues pour certaines, et dont la vérité résulte immédiatement de la nature même des termes qui les expriment, une fois qu'ils ont été bien définis et bien compris. Ce n'est point par un choix libre qu'un mathématicien juge que les trois angles d'un triangle égalent précisément deux angles droits; il n'est pas en sa puissance de concevoir une opinion contraire. Je dirai de même, quoique la matière soit moins rigoureuse, qu'en regardant Mahomet comme un imposteur, et son Alcoran comme un amas d'absurdités, j'obéis à une conviction intime dont je ne suis aucunement le maître : et s'il arrive que sur beaucoup d'autres points, l'opinion qui s'empare de moi ne me paraisse que probable, si je sens qu'il pourrait se faire qu'après des vérifications qui ne sont point à ma portée, cette opinion cédât son empire à celle qui lui est opposée ; s'il peut arriver même que l'état actuel de mes connaissances me laisse tout-à-fait incertain et suspendu entre l'une et l'autre, j'ose dire encore que plus j'aurai mis de bonne foi, de raison et d'activité dans cet examen, plus je serai passif dans mes convictions, ou mes croyances, ou mes doutes. J'aurai cherché un résultat, je l'aurai rencontré, reconnu, subi ; je ne l'aurai point fait à ma guise. Peut-être me sera-t-il désagréable, mais il aura soit provisoirement, soit définitivement captivé mon intelligence.

C'est précisément parce que les opinions ne sont pas libres dans le sens métaphysique qui vient d'être expliqué, qu'elles doivent l'être dans l'autre sens, c'est-à-dire n'avoir à redouter aucune contrainte extérieure. Nous obliger ou à professer celles que nous n'avons pas, ou à dissimuler celles que nous avons, serait de la part d'un particulier une agression si étrange, que les lois l'ont à peine prévue. En ce point, les gouvernemens tyranniques ont fait plus qu'imiter les malfaiteurs vulgaires : ils ont inventé un genre de violence dont ils n'avaient presque trouvé aucun exemple dans le cours des iniquités privées. Ils ont prétendu asservir la plus indépendante des facultés humaines, celle qui nous rend industrieux et capables de progrès, celle qui meut et dirige toutes les autres. Certes! on appartient, dans ce qu'on a de plus personnel et de plus intime, au maître par qui l'on est empêché de penser et de dire ce qu'on pense. Il n'y a pas d'esclavage plus étroit que celui-là ; aussi faut-il, pour y réduire un peuple, l'avoir auparavant, à force de vexations et d'artifices, plongé dans une ignorance extrême, et presque dépouillé de ces facultés intellectuelles dont il ne doit plus faire usage. S'il les conserve ou s'il les recouvre, il sentira le joug et s'efforcera de le secouer.

Dans un pays où quelques lumières ont pénétré, la tyrannie qui contraint à professer des opinions que l'on n'a pas, déprave, autant qu'il est en elle, les premières classes de la société pour tromper et enchaîner les dernières. Elle entretient, dans le monde, un commerce forcé de mensonges. Tant qu'il est ordonné à tous de faire semblant de croire ce que plusieurs ne peuvent pas croire en effet, il y a corruption ou lâcheté dans les uns, inertie ou imbécillité dans les autres, dégradation de l'espèce humaine dans la plupart. La noblesse et l'énergie des caractères tiennent plus qu'on ne pense à la franchise et à la constance des opinions. La probité peut s'être trompée et sait reconnaître ses erreurs ; mais il ne faut attendre d'elle ni complaisance, ni même trop de docilité ; elle abandonne aux courtisans le talent de préconiser tout système qui vient à dominer : cette logique flexible qui sait retomber toujours juste dans les doctrines qu'il plaît aux gouvernemens de prescrire, n'est point du tout à son usage : ses pensées mûrissent et s'enracinent dans sa conscience immuable ; et ses discours, fidèle et vive image de ses sentimens, ne prennent aucune teinte étrangère.

Gardons-nous toutefois de confondre ici deux choses réellement très-distinctes. Peut-être ne voudra-t-on plus nous forcer à dire ce que nous ne pensons pas : il s'agit seulement de savoir jusqu'à quel point on pourra nous interdire la manifestation de nos propres pensées. Voilà surtout la question qui se présente ici à résoudre.

Hâtons-nous de reconnaître que le langage prend quelquefois le caractère d'une action. Manifester une opinion injurieuse à une personne est un acte agressif; et celui qui en est blessé ne fait, en s'y opposant, que repousser une attaque. C'est comme des actions nuisibles au bien-être et à la sûreté des individus, quelquefois même à la tranquillité générale, que la calomnie et la simple injure doivent être sévèrement réprimées. Il est certain aussi que l'on coopère à un crime ou à un délit, lorsqu'on le conseille, lorsqu'on y excite, lorsqu'on indique les moyens de le commettre : de pareils discours sont des actes de complicité, toujours punissables s'il s'agit d'attentats entre des personnes privées, et à plus forte raison si c'est l'ordre public que l'on menace. L'acte, dans ce dernier cas, prend le nom de sédition ; genre sous lequel sont comprises les provocations expresses à la désobéissance aux lois, les insultes publiquement faites aux dépositaires de l'autorité, les machinations qui tendent à renverser le système public établi. Voilà des délits ou des crimes que rien n'excuse; voilà des espèces d'opinions qu'il n'est jamais permis d'exprimer, quand même, par le plus déplorable travers, on les aurait conçues comme vraies ou légitimes. Mais aussi, à mon avis, ce sont les seules qu'il soit juste et utile d'interdire : je tâcherai de prouver que la liberté de toutes les autres doit rester intacte, à l'abri de toute espèce d'entrave, d'empêchement préalable, de prohibition et de répression; qu'en proscrire une seule autre, vraie ou fausse, hasardée ou prouvée, saine ou non saine, innocente ou dangereuse; la condamner à tort ou à droit, comme contraire aux principes des lois, à l'esprit des institutions, aux maximes ou aux intérêts ou aux habitudes du gouvernement, c'est assujétir la pensée humaine à une tyrannie arbitraire, et mettre en interdit la raison.

Tous tant que nous sommes, nous appelons saines les doctrines que nous professons, et non saines celles qui ne sont pas les nôtres : ces mots, réduits à leur juste valeur, ne signifient jamais que cela. Non que parmi nos croyances diverses, il n'y en ait en effet de vraies et de fausses, de solides et de futiles; mais chacun de nous en fait le départ comme il l'entend, à ses risques et périls. Soutenir une proposition et la juger raisonnable, c'est une même chose; la rejeter équivaut à la déclarer mal fondée. Pour établir une distinction constante entre les bonnes et les mauvaises doctrines, il faudrait, au sein de la société, un symbole politique, historique et philosophique; ou bien une autorité chargée de proclamer au besoin, en toute matière, le vrai et le faux : peut-être aurait-on besoin à-la-fois de ces deux institutions, aussi monstrueuses l'une que l'autre.

Un corps de doctrine suppose que l'esprit humain a fait tous les progrès possibles, lui interdit tous ceux qui lui restent à faire, trace un cercle autour des notions acquises ou reçues, y renferme inévitablement beaucoup d'erreurs, en exclut beaucoup de vérités, s'oppose au développement des sciences, des arts et de toutes les industries. A quelque époque de l'histoire qu'on eût fait un pareil symbole, il aurait contenu des absurdités et repoussé des lumières qui depuis ont commencé d'éclairer le monde; et à l'égard d'une autorité qui, soit en interprétant ce symbole, soit de son propre mouvement, déciderait toutes les questions qui viendraient à s'élever, ou bien elle serait distincte du pouvoir civil, et ne tarderait point à le dominer, ou, se confondant avec lui, elle le transformerait en un absolu despotisme, à qui toutes les personnes et toutes les choses seraient livrées sans réserve.

S'il n'y a pas un corps de doctrine publique, comment saurons-nous quelles sont les opinions qu'il ne nous est pas permis de professer? Où seront puisées les décisions du tribunal ou sanhédrin chargé de nous condamner? Lors même qu'il prétendrait prouver que nous sommes tombés dans l'erreur, que ferait-il autre chose qu'opposer son opinion particulière à la nôtre? Et quelle justice humaine ou divine pourrait lui donner le droit de qualifier délit ou crime, un fait qui n'aurait été prévu par aucune loi?

Lorsqu'on recherche les causes qui ont le plus propagé et perpétué l'erreur, le plus retardé la véritable instruction des peuples, on les reconnaît toujours dans des institutions pareilles à celles dont je viens de parler. De soi, l'esprit humain tend à la vérité: s'il n'y arrive qu'après des écarts et à travers des illusions, jamais il ne manque de reprendre le droit chemin, pour peu que l'autorité ne s'applique pas ou ne réussisse pas à le lui fermer. Il y est rappelé par l'activité même qui a servi à l'égarer : sa marche n'est ni rapide ni directe ; mais, à pas incertains et chancelans, il avance toujours, et l'on mesure avec surprise, après quelques siècles, l'espace qu'il a parcouru, quand il n'a pas été arrêté ou repoussé par la violence. Il va perfectionnant la société, desserrant les chaînes des peuples, dessillant les yeux de leurs maîtres, et faisant jaillir, du sein des controverses éphémères qui l'exercent successivement, d'éternels rayons de lumière.

Mais parmi les erreurs, n'y en a-t-il point de dangereuses ? Oui, certes ! il y en a de telles, ou plutôt elles le sont toutes. Nulle erreur, si mince qu'elle soit, n'est indifférente : il n'en est aucune en physique, en histoire, en philosophie, en politique, en un genre quelconque, qui n'entraîne à des pratiques pernicieuses, ou l'agriculture, ou la médecine, ou d'autres arts, ou enfin l'administration publique. Toute illusion de notre esprit, toute méprise, tout mécompte, retombe en dommage sur quelque détail de la vie humaine. Un médecin qui se trompe, abrège ou tourmente les jours qu'il prétend prolonger. Les théologiens qui, au milieu du dernier siècle, déconseillaient l'inoculation, qui la condamnaient par des sentences, des décrets, des mandemens, erraient aux dépens de plusieurs milliers d'individus, puisqu'ils les retenaient exposés à de plus nombreuses chances de mortalité. Fallait-il imposer silence à ces théologiens? hélas! peu s'en est fallu qu'ils ne l'imposassent à leurs adversaires : car, dès qu'il y a moyen de proscrire une doctrine, il est toujours plus probable que la fausse proscrira la vraie. Après tout, à qui appartient-il de nous interdire l'erreur? A celui qui en est exempt? il n'y a plus en Europe qu'un seul homme qui ose encore se dire infaillible. A celui qui se trompe comme nous, plus que nous peut-être? Ah! c'est ainsi que l'erreur, infirmité commune, devient une puissance publique, et que, sous prétexte de nous délivrer des illusions, on nous prive seulement des moyens de nous en guérir.

Non, la liberté des opinions n'existe pas si elle est restreinte par la condition de ne rien dire que de vrai et d'utile ; à plus forte raison, si l'on établit des doctrines qu'il ne sera pas permis de contredire, si l'on en signale d'autres qu'il sera défendu de professer, ou bien encore si, sans prendre la peine de faire aucune de ces déclarations préalables, on investit des juges du droit de condamner, selon leur bon plaisir, des pensées qu'aucune loi n'avait prohibées. En vain les législateurs ou les juges s'appliqueraient à distinguer divers ordres d'erreurs, pour n'interdire d'avance ou ne réprouver après coup que les plus périlleuses. C'est toujours là un système arbitraire qu'il serait impossible de rendre exact, qui n'admettrait aucune règle invariable et positive. On se bornera, direz-vous, à condamner ce qui contrarie les lois ou l'autorité. Ce sont encore là des expressions beaucoup trop vagues. Toute provocation directe à désobéir aux lois, toute insulte à l'autorité, est plus qu'une erreur dangereuse : c'est, comme je l'ai dit, une action criminelle. Mais ne vous conviendra-t-il pas de trouver nos pensées *contraires* à l'autorité, quand nous lui adresserons d'humbles conseils? *contraires* aux lois, quand nous y remarquerons des défauts, quand nous proposerons des réformes? si bien qu'il ne restera aucune ressource contre les abus du pouvoir, aucun remède aux plus graves erreurs des peuples, savoir, à celles qui s'introduisent et s'invétèrent dans leur législation. Bientôt, peut-être, il ne sera plus permis de raisonner sur l'état social, généralement considéré : car ces réflexions abstraites aboutiront à des applications, et ressembleront à des censures. Nous serons répréhensibles encore en louant, chez un autre peuple, un système politique *contraire* à celui sous lequel nous vivons; la plupart des souvenirs historiques deviendront suspects; et je ne sais trop quelle pensée restera innocente, si elle touche par quelque point aux mœurs sociales, aux institutions passées, actuelles ou futures. Cependant comment la législation a-t-elle fait quelques progrès? comment s'est-elle successivement guérie de ses erreurs les plus barbares? Pourquoi a-t-on affranchi des serfs? aboli des corvées? moins admis d'inégalité dans les partages héréditaires? presque renoncé aux tortures et à ces procédures secrètes qui, à certaines époques, commettaient peut-être plus d'homicides qu'elles n'en punissaient? Pourquoi, sinon parce qu'on a usé quelquefois du droit d'examiner les motifs et les effets des lois, d'éclairer l'autorité sur les intérêts publics, sur les siens propres?

Loin de permettre l'examen des lois de l'état, on a plus d'une fois voulu défendre toute observation sur les jugemens rendus par les tribunaux, même depuis que Voltaire a montré, par d'éclatans exemples, l'utilité de ces réclamations. Entraîné par l'intérêt que lui inspiraient les victimes, Voltaire a peu ménagé leurs juges : on peut exiger plus de réserve, ne tolérer aucun trait injurieux aux intentions, au caractère, à la personne des magistrats. Mais s'il n'était pas permis de penser qu'ils se sont trompés, et de les avertir de leurs erreurs, il n'y aurait plus aucun moyen de les garantir eux-mêmes des plus graves dangers de leurs fonctions redoutables; plus aucun tempérament à l'énorme pouvoir qu'ils exercent, quand leurs arrêts, en matière de délits ou de crimes, ne sont pas précédés d'une déclaration de véritables jurés; plus de remède à leurs préjugés et à leurs routines; nul contre-poids, enfin, à l'ascendant qu'exercent sur eux, dans les temps de troubles, les manœuvres des factions dominantes.

J'ignore aussi quel avantage on trouve à prescrire des hommages, ou un respect taciturne, pour certains dogmes politiques, particulièrement pour ceux qui concernent l'origine et les fondemens du pouvoir suprême. Il y a partout de pareils dogmes; chaque système politique a les siens : il y en a pour les républiques, soit démocratiques, soit aristocratiques; pour les monarchies, soit tempérées, soit absolues; pour les dynasties anciennes et pour les dynasties nouvelles. Les communications habituelles et rapides, aujourd'hui établies entre les pays diversement gouvernés, affaiblissent, plus qu'on ne pense, les hommages que reçoit et les anathêmes que subit chacun de ces dogmes contradictoires. Ils perdront de plus en plus, par la force coactive dont on voudra les armer, le crédit qu'ils obtiendraient peut-être d'un examen libre de leur vérité : celui de ces dogmes qui triompherait le mieux des objections, gagne le moins à s'y soustraire; vrais ou faux, constans ou douteux, clairs ou équivoques, ils établissent contre eux-mêmes le préjugé le plus fatal, en se refusant aux épreuves que toute pensée humaine a besoin de subir pour se fixer dans les esprits. Un silence forcé est une protestation bien plutôt qu'un consentement; et c'est prendre un déplorable moyen de propager une doctrine, que de charger des tribunaux de condamner ceux qui oseraient la révoquer en doute. Combien est chimérique l'importance que le pouvoir attache à ces articles de foi politique! La force du pouvoir est dans les bienfaits, dans les sentimens qu'il inspire, dans la vénération, la reconnaissance et l'amour que nous commandent ses lumières, sa vigilance et son équité; non assurément dans je ne sais quelle idée vague et mystérieuse qu'il prétend nous donner de son origine. C'est redescendre que de se faire idole, quand on est une puissance tutélaire et nécessaire.

Cependant après avoir prescrit des doctrines, on s'avisera bientôt de déterminer aussi des faits, et d'imposer des lois même à l'histoire : on exigera d'elle, pour les prédécesseurs d'un prince régnant, pour quelques-uns du moins, le respect qui lui est dû à lui-même tandis qu'il règne; on la forcera d'imprimer certaines couleurs aux évènemens, aux détails, aux personnages; de conformer ses récits à des traditions privilégiées, quels que soient les résultats des recherches plus exactes qu'elle pourrait faire. On voudra retenir le passé dans les ténèbres, de peur qu'il n'en rejaillisse des lumières sur le présent; et l'on ne tiendra pas les abus actuels pour assez bien garantis, s'il est permis de signaler les égaremens ou les crimes des potentats qui ne sont plus. Leur mort n'aura point rendu aux fils, aux descendans de ceux qu'ils ont opprimés, le droit de les accuser : quelquefois six siècles ne suffiront point pour donner à la postérité le droit de juger de mauvais princes, ou même d'apprécier impartialement un bon roi ; on nous défendra de mêler aux hommages dus à ses vertus, des regrets sur ses erreurs, sur les désastres qu'elles ont amenés, et dont il a peut-être été lui-même l'une des innombrables victimes : viendra, après cinq cents ans, quelque autorité publique, qui le déclarera le plus éclairé des monarques, quand même il aurait subi, plus qu'aucun de ses contemporains, le joug d'une ignorance grossière et calomniteuse. A plus forte raison trouvera-t-on des délits dans tout examen libre des règnes récens ou des temps voisins du nôtre. On nous prescrira des manières de parler des maux qu'ont endurés nos pères, de ceux que nous avons soufferts nous-mêmes.

La sécurité qu'obtient la puissance par de telles prohibitions est bien trompeuse. Le plus grand péril pour elle, au sein d'un peuple qui n'est plus inculte, est d'ignorer ce qu'il pense, de se séparer de lui par une ténébreuse enceinte de courtisans, de ne lui permettre aucune plainte qu'elle puisse entendre, et de se récrier contre tous les progrès qu'elle ne veut pas faire. Elle seule rend redoutable, en y résistant, les progrès qui se font malgré elle ou à son insu : tandis qu'au contraire, de toutes les opinions particulières, librement exprimées et controversées, il ne se formerait que la plus calme, et, à tous égards, la meilleure opinion publique.

L'opinion publique est aisée à distinguer de ces opinions populaires qui dominent au sein des ténèbres, ou bien au sein des troubles civils. Il y a partout une partie plus ou moins grande de la population qui ne suit que de fort loin les progrès de l'intelligence humaine, n'est atteinte par les lumières qu'après qu'elles ont brillé sans interruption sur plusieurs siècles, et en attendant reçoit sans examen, par conséquent avec enthousiasme, les doctrines que lui prêchent les maîtres qui la subjuguent ou les factieux qui l'agitent. Amas informe de superstitions grossières ou d'exagérations licencieuses, ces opinions populaires servent d points d'appui à tous les genres de tyrannie ou d'imposture : elles sont les meilleures garanties du pouvoir arbitraire et du pouvoir usurpé, comme les lumières sont celles du pouvoir légitime.

Nos persuasions ont deux sources bien différentes, l'imagination et la raison. Il y a sûrement, dans l'organisation de l'homme, quelque chose qui le dispose à croire, en certaines circonstances, ce qu'il n'a ni vu, ni vérifié, ni même compris. Le naturel commence et l'habitude achève en nous ce goût du merveilleux, ce besoin d'erreurs que rendent quelquefois presque irrésistible les craintes, les espérances, et les autres affections ou passions qui se combinent avec lui. Quelque dangereux que soit ce penchant, tout annonce qu'il tient à l'une de nos facultés les plus nobles et les plus actives, à cette puissance de former des hypothèses hardies, et de créer des fictions brillantes ou sublimes, qui se nomme imagination, et qui, réglée par la raison, mérite le nom de génie. Mais cette raison, c'est-à-dire, la faculté d'observer, d'éprouver, de comparer, d'analyser, n'en est pas moins le seul garant de la vérité de nos pensées, comme de la sagesse de nos actions ; et l'espèce d'opinion que désigne la qualification de publique, est celle qui, admettant davantage les résultats des observations précises, des expériences sûres, des raisonnemens exacts, caractérise les classes éclairées de la société.

Ne prenons pas toutefois une idée exagérée ni de la puissance, ni de la rectitude de l'opinion publique. Non, elle n'est pas toujours la reine du monde : elle a pour contrepoids les forces souvent associées des opinions vulgaires et du pouvoir arbitraire. Son ascendant, qui ne date que du moment où le leur baisse, demeure long-temps faible et ne s'accroît que par degrés. Elle ne sort pas victorieuse de toutes les luttes où elle s'engage : elle a besoin de choisir le terrain, de saisir les occasions, d'attendre et de ménager ses succès. Mais il est pourtant indubitable que, depuis un siècle, elle est en Europe une autorité.

De sa nature, elle tend à la sagesse : mais c'est par une progression fort lente. Long-temps elle conserve, dans les élémens qui la composent, une partie plus ou moins forte d'idées populaires ; elle ne s'en débarrasse que peu à peu, et laisse toujours quelque intervalle entre elle et les plus nouvelles conquêtes de l'esprit humain. Le génie des sciences la précède ; et pour ne s'exposer à aucun écart, elle attend que les progrès soient bien assurés, avant de les faire elle-même. Le fruit qu'elle obtient de cette circonspection est de ne revenir jamais sur ses pas, de ne plus se replonger, pour l'ordinaire, dans les erreurs dont elle s'est une fois dégagée, et d'avancer insensiblement dans la route des véritables connaissances. Cette marche, toutefois, n'est bien constante ou bien visible que dans les temps calmes : des circonstances tumultueuses impriment à l'opinion publique des mouvemens brusques qui semblent l'entraîner fort en avant, la repousser ensuite fort en arrière. On la voit, après tout grand évènement, toute commotion, toute catastrophe, s'exalter, se déprimer, s'égarer en sens divers; ou plutôt il devient difficile de la reconnaître : on prend pour elle un bruit confus, où quelques-uns de ses accens se mêlent aux clameurs des factions et des passions populaires. Ces temps là sont ceux où, plus alléguée que jamais, elle se fait le moins entendre; elle n'a plus d'organes, et se conserve silencieusement en dépôt dans les esprits sages, dans les consciences pures. Mais aussitôt que les troubles commencent à s'apaiser, elle reprend le cours paisible de ses progrès : les pas précipités, puis rétrogrades qu'elle a paru faire, sont comme non avenus; on la retrouve au point où on l'a laissée, lorsqu'éclataient les premiers orages, plus forte cependant et plus imposante, parce que le souvenir, le sentiment des maux qu'on vient d'éprouver hors de sa direction, ordonnent de la reprendre pour guide. On sait, mieux que jamais, qu'il y a du péril à faire moins et à faire plus qu'elle ne demande. Négliger, à de pareilles époques, de l'écouter et de la suivre, serait, de la part du pouvoir, le comble de la témérité : ce serait repousser, non pas seulement les meilleurs et les plus fidèles conseils, mais l'unique sauve-garde digne de confiance.

Avec de l'habileté ou de l'audace, on altère, on gouverne des opinions populaires : mais l'un des caractères essentiels de l'opinion publique est de se soustraire à toute direction impérieuse; elle est ingouvernable. On la peut comprimer, étouffer, anéantir peut-être : on ne saurait la régir. Vainement le pouvoir se consume à la former telle qu'il la veut, à la modifier au gré des intérêts et des besoins qu'il se donne. Le besoin, l'intérêt qu'il a réellement, est de la bien connaître toujours, et par conséquent de ne mettre aucun obstacle arbitraire à la manifestation des opinions individuelles dont elle se compose.

C'est le plus ordinairement par le langage que les hommes se communiquent leurs pensées. Les entretiens privés sont l'un des plus grands ressorts de la vie sociale; et, par leur clandestinité, par leur mobilité, par leur multitude, ils échappent d'ordinaire à la surveillance et à la contrainte, à moins qu'une tyrannie ombrageuse ne les environne de témoins mercenaires et délateurs, symptôme sûr de la plus profonde dépravation possible des gouvernans et des gouvernés. Mais l'homme a trouvé l'art de parler aux absens, de combler les distances, d'adresser à tous les lieux, et à tous les siècles, l'expression de ses pensées. Il faut nous arrêter un instant au plus simple usage de cet art, c'est-à-dire, aux lettres missives; car elles sont quelquefois l'objet d'une inquisition d'autant plus odieuse que l'infidélité s'y joint au despotisme. Transporter ces lettres n'est point assurément une fonction du pouvoir suprême: c'est un service dont auraient pu se charger des entrepreneurs particuliers, et que nous ne confions aux soins d'un gouvernement que parce que nous ne supposons pas qu'il veuille se rabaisser au niveau des messagers infidèles. Qu'on soit commissionnaire, courrier, employé, administrateur ou ministre, du moment où l'on s'offre à transmettre à leur adresse des papiers cachetés, et quand surtout on reçoit, pour ce service, un salaire fort supérieur aux frais qu'il entraîne, on s'engage évidemment à ne pas les ouvrir;

et quelque dur que soit le mot de brigandage, c'est encore le seul qui convienne, en toute hypothèse, en toute circonstance, à la violation d'un engagement si sacré. L'état de guerre même n'autorise l'ouverture des correspondances secrètes, que lorsqu'on ne s'en est pas rendu dépositaire, et qu'on les saisit dans des mains ennemies. Cependant il y a des temps où toute notion de morale, tout sentiment d'équité s'évanouit à tel point, que les gouvernans ne prennent plus la peine d'effacer les traces d'une infidélité si honteuse : ils la placent, sans façon, au nombre de leurs prérogatives; et, quand bon leur semble, ils se vantent et profitent publiquement de ces attentats. Voilà un autre symptôme de perversité, qui, tant qu'il dure, exclut tout espoir de garanties individuelles ; car ceux qui nous refusent celle que nous achetons à part, chaque fois que nous payons ou faisons payer le port d'une lettre, ne sauraient être disposés à nous en accorder aucune autre.

Mais l'art d'écrire s'est fort étendu au-delà des intérêts privés et des correspondances épistolaires. Il crée ou développe les sciences, éclaire tous les autres arts, affermit les bases, et perfectionne tous les détails de la société :

il exerce sur l'opinion publique, soit qu'il la devance et la prépare, soit qu'il la propage en la proclamant, une influence toujours salutaire; car, de lui-même, il n'a de force que par les lumières qu'il répand. S'il s'égare, il ne séduit qu'un petit nombre d'hommes, ou n'inspire qu'un enthousiasme éphémère : ce n'est qu'au profit de la vérité qu'il peut opérer des impressions vives et durables sur la partie éclairée d'une nation. Il est pourtant vrai que depuis que cet art existe, et spécialement aux époques où il a le plus brillé, l'autorité, par une fatale méprise, s'est toujours tenue en état d'hostilité contre lui, l'a menacé, tourmenté, entravé, toutes les fois qu'elle n'a pu le corrompre. Quelques-uns disent que le génie doit aux persécutions son énergie et ses triomphes : j'ai peine à croire qu'elles aient fait autant de bien à l'art d'écrire que de mal aux grands écrivains, et aux autorités imprudentes qui se sont armées contre eux. Il vaudrait mieux, pour tout le monde, que le pouvoir n'apportât aucun obstacle à des travaux essentiellement consacrés au bonheur des peuples. Ce qui est bien sûr, c'est que les anathèmes contre les auteurs ont causé beaucoup d'infortunes privées, sans arrêter le cours général des lumières. Depuis Homère jusqu'à Chénier, une longue succession d'ouvrages admirés ou censurés, approuvés ou proscrits, ont diversement étendu la raison humaine : portez vos regards sur l'histoire entière des efforts de l'autorité contre l'art d'écrire, vous verrez qu'en somme, ils n'ont abouti qu'à la dégrader et à l'affaiblir elle-même.

Il y a trois siècles et demi qu'un nouvel art est venu s'associer à celui-là, pour en disséminer indéfiniment les productions : il a couvert l'Europe de livres, et introduit les lumières dans toutes les habitations, quelquefois même dans les cabanes et jusque dans les palais. Durant les quarante premières années de l'industrie typographique, on ne songea point à l'entraver ; à peine prenait-on les précautions nécessaires pour assurer aux auteurs, éditeurs et imprimeurs, la propriété de leurs travaux. Mais en 1501, un pape, qui s'appelait Alexandre VI, institua la censure des livres, défendit d'en publier aucun sans l'aveu des prélats, ordonna de saisir et brûler tout ouvrage qui n'aurait point obtenu ou qui cesserait d'obtenir cette approbation. Ce bref d'un pape, dont la mémoire est restée à jamais flétrie à bien d'autres titres, a servi et sert encore de prototype à tous les actes arbitraires, législatifs et administratifs, dirigés contre l'art d'imprimer. Ce n'est point ici le lieu de tracer une histoire détaillée de cette tyrannie; mais voici, sans distinction de pays ni d'époques, le tableau général de ses entreprises : le plus qu'elle a pu, elle a exigé que les manuscrits à livrer à l'impression fussent soumis à une censure préalable, qu'ils fussent officiellement lus, paraphés et mutilés par des censeurs à ses gages; elle y trouvait, entre autres avantages, celui de faire payer des permissions d'imprimer, ou, comme elle disait, des priviléges; et, d'ailleurs, elle se réservait la faculté de proscrire, au besoin, par des sentences subséquentes, les livres même dont elle avait formellement permis la publication, sauf à étendre l'anathême sur les censeurs qui les avaient approuvés. Pour tenir l'imprimerie et la librairie sous des chaînes encore plus étroites, on a fort souvent fixé le nombre des libraires, et surtout des imprimeurs, en imposant aux uns et aux autres des directeurs-généraux, des inspecteurs particuliers, chargés de surveiller tous les mouvemens du commerce des livres. Cet étrange régime s'est quelquefois maintenu même à des époques où l'autorité feignait de renoncer à l'examen préalable des ouvrages, contente de pouvoir, à son gré, en arrêter la publication, en confisquer les exemplaires, juger les doctrines, condamner les auteurs, et au besoin ou sans besoin, les imprimeurs et les libraires. Tantôt l'on a prétendu que le droit de réprimer les abus emportait celui de les prévenir; tantôt l'on a déclaré que la répression commencerait dès l'instant où il y aurait eu entreprise d'imprimer, et que l'auteur, ou le libraire, ou l'imprimeur qui demanderait et n'obtiendrait pas la permission de publier, aurait publié par cela même. En conséquence, on saisissait un écrit avant tout commencement de publication, et l'on traduisait l'imprimeur, le libraire, l'auteur, non devant des jurés, mais devant des juges d'un second ou troisième ordre, lesquels, selon le bon plaisir de leurs supérieurs, réprouvaient les doctrines, les théories, les systèmes, et condamnaient à une peine plus ou moins grave, à plusieurs peines à la fois, ceux qui avaient tenté de soumettre leurs opinions personnelles à l'examen du public. Enfin l'on a démenti le sens naturel des mots, bouleversé le langage, autant qu'il était nécessaire que la répression fût tout à fait équivalente à la censure préalable, ou même cent fois plus terrible. Cependant, qui le croirait? tant de moyens arbitraires n'ont pas encore rassuré ni satisfait le pouvoir : plus d'une fois il s'est réservé de plus la direction immédiate, presque la propriété de certains genres d'écrits, le droit exclusif de les autoriser, et pour ainsi dire de les faire lui-même, ou du moins d'en retrancher ce qui ne lui plairait point, d'y insérer ce qu'il voudrait; d'y publier, sans se montrer, les opinions qu'il jugerait à propos de répandre, et peut-être les injures personnelles dont il lui conviendrait d'accabler ses victimes; retenant ainsi sous sa dépendance les propriétaires et les rédacteurs de tout recueil périodique, substituant ses intérêts aux leurs, et leur responsabilité à la sienne. Sa moindre prétention a été d'exiger d'eux des cautionnemens considérables : comme s'il ne s'agissait pas d'entreprises purement privées! et comme s'il y avait lieu de demander de pareilles gages à ceux qui ne sont ni dépositaires, ni administrateurs de fonds publics, et dont la profession ne peut gravement compromettre un grand nombre de fonds particuliers!

Depuis trois cents ans qu'on use de ces diverses pratiques, quel succès en a-t-on obtenu? On a ruiné des imprimeurs et des libraires; on a tourmenté, proscrit, immolé des écrivains; on a fait expier aux talens et au génie les bienfaits qu'ils s'efforçaient de verser sur l'espèce humaine; on a brûlé des livres, des auteurs et des lecteurs : le public en a-t-il vu moins clair? a-t-on triomphé des progrès de la raison? a-t-on empêché l'essor de la pensée? a-t-on désarmé la vérité? Il n'y a pas d'apparence, puisqu'on y travaille encore. Qui ne sait que dans le cours de ces trois siècles, et surtout durant le dernier, les connaissances n'ont cessé de s'étendre et de s'épurer, l'opinion publique de s'éclairer et de s'enhardir? En frappant d'excellens ouvrages, et quelques mauvais livres, les censures ont recommandé les uns et les autres : elles seraient oubliées si elles n'étaient des titres de célébrité littéraires. C'est qu'en effet il est naturel de penser que l'autorité ne proscrit que ce qu'elle désespère de réfuter. En s'efforçant d'imposer des opinions, en ne souffrant pas qu'on les contredise, elle fait soupçonner qu'elle renonce à les établir par les voies légitimes de l'instruction. Ah! l'examen ne met point la vérité en péril : les doctrines qui sont en effet certaines ou raisonnables, le paraissent davantage après qu'on les a discutées; leur crédit n'est compromis que du moment où aucune objection contre elles n'est permise. En général, l'esprit humain ne s'assure que des choses dont il a douté, et qu'il a librement éclaircies. Des erreurs que la raison n'a point dissipées, le sont beaucoup moins encore quand une sentence les condamne : nous forcer à les dissimuler, n'est point du tout nous en guérir, c'est nous en rendre plus malades. Il en est de fort graves qui n'ont fait de progrès que parce qu'on les a juridiquement déclarées capables d'en faire. Le faible éclat qui reste à quelques livres pernicieux, n'est que la dernière lueur des bûchers jadis allumés pour les consumer.

Ainsi toutes ces prohibitions et condamnations, impuissantes contre la vérité, inutiles à l'imposture qui les prononce, n'accréditent d'autres erreurs que celles qu'il leur arrive par hasard de menacer ou de frapper. C'est donc bien gratuitement qu'on s'obstinerait à maintenir ce régime contre des garanties sacrées, contre le plus bienfaisant des arts, contre la plus précieuse des industries. Qui suivra l'histoire des entraves données à la presse depuis 1501, reconnaîtra qu'elles n'ont été imaginées que pour soutenir le caduque empire du mensonge et pour enchaîner la raison humaine : c'est un but honteux, mais un autre opprobre est de n'avoir pu l'atteindre en sacrifiant tant de victimes. Toutes les vérités, hormis celles qui seraient des injures personnelles, sont bonnes à dire : la maxime triviale qui dit le contraire, est vide de sens, ou, ce qui revient au même, elle signifie qu'il y a des ténèbres lumineuses et des sottises raisonnables. N'est-ce point à la sagesse, au bien-être, au bonheur que nous devons tendre? et pouvons-nous y être conduits autrement que par la vérité, éclairant, autant qu'il se peut, tous les pas de notre route, tous les détails de notre vie, les élémens de toutes nos connaissances, et surtout de celles dont l'ordre social est l'objet? Hélas! il n'y a que trop de vérités qui échappent encore, qui échapperont long-temps à nos regards : nous n'en sommes assurément pas assez riches pour renoncer, de gaîté de cœur, à aucune de celles que nous aurions découvertes, ou que nous pourrions découvrir.

Quand ceux qui repoussent la liberté de la presse veulent être bien sincères, voici les confidences qu'ils nous font. « Les institutions » actuelles, nous disent-ils, tiennent à certai- » nes opinions qui ne supportent pas l'exa- » men, à des préjugés utiles aux classes émi- » nentes, contraires aux intérêts de la multi- » tude. Soumettre ces préjugés à une discussion » libre, c'est nuire à ceux qui en profitent, » agiter ceux qu'ils compriment, troubler le » repos des uns et des autres. De pareils débats » n'amènent que discorde et désordre : du mo- » ment que le silence n'est plus imposé, c'est » tout aussitôt la licence qui règne et non pas » la liberté. »

Ceux qui tiennent ce langage ont une idée bien fausse de la société en général, et particulièrement des institutions actuelles. Le temps n'est plus où les établissemens politiques se fondaient sur de vains et sots préjugés : il existe en plusieurs grands états, des lois fondamentales qui donnent aux gouvernemens des bases bien plus sûres, savoir, la morale, les intérêts communs à tous les membres de la société, à toutes les familles, à toutes les classes. Ce sont même aujourd'hui les classes les plus élevées qui ont le plus à redouter l'empire de ces préjugés qu'on leur croit si profitables. Car cet empire circonscrit leur liberté tant qu'il dure;

et dès qu'il s'ébranle, leurs possessions et leur sûreté sont aussitôt compromises. Le joug des erreurs dont on n'est pas dupe devient toujours accablant : il compromet bien plus qu'il ne protège les hommes distingués ; ils le supportent avec tant d'impatience qu'ils sont les premiers à le secouer, malgré les périls particuliers qu'ils ont à courir lorsqu'il se brise ; et bientôt les rangs éminens qu'ils occupent sont entraînés dans la décadence des erreurs qui semblaient les soutenir. La vérité serait en effet redoutable, si elle avait à demander le renouvellement des institutions fondamentales ; mais quand il ne lui reste à réclamer que leur maintien et leur empire, sa voix est la plus pacifique qui se puisse faire entendre. Loin de provoquer des troubles, elle prévient, elle conjure les orages qui naîtraient tôt ou tard d'un désaccord funeste entre les lois constitutionnelles et les habitudes administratives. Sans contredit, si vous ne voulez aucune liberté d'industrie, aucune assurance des propriétés, aucune sûreté des personnes, il ne faut pas que la presse soit libre ; mais si vous nous accordez sincèrement ces garanties, songez donc qu'il est impossible qu'elles subsistent dans un pays où la faculté de publier ses opinions resterait soumise à tant d'entraves. Non, vous n'avez réellement intérêt à captiver nos pensées, qu'autant que vous en prendriez à disposer arbitrairement de notre industrie, de nos biens, et de nos personnes.

Vous nous parlez sans cesse de l'extrême difficulté d'une loi sur la liberté de la presse : c'est qu'en effet cette liberté est chimérique et impossible dans certaines hypothèses dont vous ne voulez pas sortir.

Elle est impossible, tant qu'il subsiste, sous des noms et des formes quelconques, une direction générale de l'imprimerie et de la libraire ; tant que ces deux industries ne sont point abandonnées à leurs propres mouvemens, sauf à demeurer, comme toutes les autres, assujéties aux lois générales qui répriment les fraudes.

Elle est impossible, s'il y a, s'il peut y avoir, une censure préliminaire, un examen préalable d'un écrit, avant qu'il soit ou imprimé ou mis en vente.

Elle est impossible, s'il y a une doctrine commandée et une doctrine défendue ; et si en se trompant, en raisonnant mal sur un art ou sur une science, on court d'autres risques que d'être réfuté.

Elle est impossible, s'il n'est pas bien reconnu que l'injure, la calomnie, la provocation directe à un crime, et particulièrement à la sédition, sont les seuls délits ou crimes dont un auteur, et à son défaut le libraire ou l'imprimeur, puisse devenir juridiquement responsable.

Elle est impossible, si le mot *indirect* est employé dans les lois relatives à ces crimes ou à ces délits; ce mot n'ayant aucun sens précis, et ne pouvant jamais être destiné qu'à servir de prétexte à des persécutions odieuses, à des condamnations arbitraires.

Elle est impossible enfin, si des jurés, tant d'accusation que de jugement, n'interviennent pas toujours pour déterminer, reconnaître, vérifier, déclarer le fait de sédition, de calomnie ou d'injure.

Sortez une fois de ces hypothèses, et cette loi qui offre, dites-vous, tant de difficultés, vous la trouverez toute faite, si votre code pénal a bien défini les provocations séditieuses ou criminelles, la calomnie et l'injure, tant verbales qu'écrites et imprimées.

En ce qui concerne la calomnie et l'injure, ni la loi ni les jurés ne sauraient être trop sévères. Si l'on parvenait à ne laisser impuni aucun crime ou délit de ces deux genres, on rendrait aux particuliers, à l'état et aux lettres, un service du plus haut prix : aux particuliers, dont l'honneur et le repos ne resteraient plus exposés aux attentats du premier libelliste ; à l'état, au sein duquel les satires personnelles attisent ou rallument les discordes, fomentent les révolutions, entretiennent ou renouvellent les troubles ; aux lettres enfin, dont cette licence est l'opprobre, et qu'on ne saurait mieux honorer qu'en les préservant d'un si funeste et si honteux égarement. Je ne sais aucun motif d'indulgence pour l'auteur d'un écrit calomnieux ou injurieux. Qui l'obligeait à parler des personnes ? quel droit avait-il sur la réputation morale d'un homme vivant ? et pourquoi serait-il plus permis d'imprimer des paroles insultantes que de les proférer de vive voix dans un lieu public ?

Bien loin de croire qu'on doive moins d'égards aux magistrats, aux dépositaires ou agens de l'autorité, je pense, au contraire, que les injures ou les calomnies dirigées contre des hommes publics, ont, plus ou moins, un caractère séditieux qui aggrave le délit ou le crime. La sédition est un acte directement attentatoire à l'empire des lois, au maintien du gouvernement, à l'exercice des pouvoirs. Si la puissance est usurpée ou tyrannique, la sédition, quelque nom qu'elle prenne, est une guerre, et ceux qui l'entreprennent en courent les chances. Si la puissance est légitime, ceux qui l'attaquent commettent, contre la société entière, le plus énorme attentat. Dans tous les cas, la révolte, tramée ou consommée, est réputée crime, quand elle n'est pas victorieuse ; et tous les actes, y compris les écrits ou imprimés qui ont pu y tendre ou y concourir, sont punissables.

La sédition ayant, par sa nature, un but direct et actuel, il est impossible, si l'on ne veut pas le faire exprès, d'en étendre le caractère à de simples doctrines politiques, fussent-elles erronées ou dangereuses ; à des réclamations contre des abus réels ou prétendus, à des propositions de réformes ; en un mot, à des ouvrages ou opuscules purement théoriques. Des jurés ne sont point appelés à juger des systèmes : une décision doctrinale ne serait pas moins ridicule, rendue par eux, que par des docteurs de Sorbonne, des conseillers de parlemens, ou des commis de bureau. C'est au public seul qu'il est réservé de rejeter ou d'adopter des opinions particulières. Mais les jurés vérifient et déclarent les faits de sédition, comme ceux de calomnies et d'injures (1).

---

(1) On répugne à faire mention d'un autre genre de mauvais livres; et peut-être qu'en effet il ne serait pas nécessaire de le désigner dans les lois d'un peuple libre, au sein duquel des institutions sages et garantissantes amèneraient la noblesse des sentimens et la pureté des mœurs : les livres obscènes ne se répandent que chez les peuples dégradés par des habitudes serviles. On pourrait, d'ailleurs, trouver quelques difficultés à caractériser assez bien cette espèce de livres, pour en distinguer certaines productions peu sévères, où les grâces de l'expression semblent tempérer la licence des idées : La Fontaine, Voltaire, Parny et d'autres écrivains en ont publié de pareilles; et quelle que soit la rigueur des jugemens qu'on en voudra porter, il est certainement devenu impossible d'en empêcher aujourd'hui la circulation. Mais l'Italie, au seizième siècle, en a vu naître d'abominables, qui, bien que prohibées, circulaient fort à l'aise sous les yeux des prélats, quelquefois entre leurs mains, et dont il a été fait, en d'autres langues, des copies infâmes. C'est un désordre qui ne saurait être toléré dans un pays policé. Il faut que l'autorité puisse immédiatement empêcher l'exposition publique et la distribution de ces turpitudes, mais sans qu'il en résulte aucune poursuite judiciaire contre les personnes, à moins que celles-ci ne réclament expressément contre la saisie : en ce cas, ce serait encore à des jurés qu'il

Les crimes ou délits de la presse étant déterminés par une loi précise, il ne reste plus qu'à prendre le moyen d'atteindre immanquablement l'homme qui en devient responsable. Or, cet homme est l'auteur de l'écrit où ils sont commis; et à défaut d'un auteur nommé, connu et domicilié, c'est le libraire ou l'imprimeur. Tout ouvrage devra donc, pour être licitement publié, distribué, mis en vente, porter le nom de l'imprimeur, afin que celui-ci en réponde dans le cas où il n'aurait pas joint à son nom celui d'un libraire-éditeur, ou celui de l'auteur même: et dans le cas encore où il n'aurait indiqué, comme auteur, qu'un personnage fictif, inconnu ou sans domicile. Rien n'empêche même que l'autorité n'exige qu'après l'impression de tout livre ou opuscule, on vienne, non lui demander la permission de le publier, ce qui est par trop absurde, mais l'avertir qu'on le publie : cette déclaration obligée et la déposition volontaire d'un exemplaire dans la principale bibliothèque publique, auront deux effets: le premier, de

---

appartiendrait de reconnaître le fait de l'obscénité; et sur leur déclaration, les distributeurs seraient condamnés à de très-fortes amendes.

constater la propriété littéraire de l'auteur ou du libraire ; le second, d'indiquer la personne à poursuivre, si, dans un délai limité, on vient à découvrir qu'il y ait crime ou délit.

En un mot, poursuite et jugement, s'il y a lieu, des écrits publiés ; mais nul examen préalable de ceux qui ne le sont pas encore : répression des *actions* criminelles, mais liberté illimitée de manifester ses opinions de vive voix, par écrit, et par la presse.

Aux époques si rares où cette liberté avait commencé de s'établir, la ressource de ses ennemis a été de la proclamer en effet *illimitée*, mais d'abuser de ce mot, en l'étendant jusqu'à l'impunité absolue de la calomnie et de la sédition. Bientôt celles-ci, que n'arrêtait plus aucune barrière, se sont livrées à de si révoltans excès, qu'on a, pour les prévenir, renoué, peu à peu, tous les liens qui avaient enchaîné la presse ; avec cette différence néanmoins, que le pouvoir arbitraire a trouvé l'art de conserver, à son profit, la licence, en détruisant la liberté. Tandis qu'il défendait de raisonner sur des intérêts publics, il laissait compiler des dictionnaires de calomnies et d'injures personnelles. C'est qu'il importe quelquefois assez peu au despotisme que la fureur et le délire éclatent, pourvu que la raison se taise. Les désordres lui fournissent des prétextes contre elle; il n'est alarmé que du bien qu'elle voudrait faire : il redoute bien plus *l'Esprit des Lois*, *l'Émile*, *l'Essai sur les mœurs des nations*, que les placards d'un ligueur ou d'un frondeur. Il sait que la liberté de la pressse ne serait pas seulement une garantie individuelle, qu'elle acquerrait la force d'une institution publique, et suffirait presque seule au maintien inviolable de toutes les autres garanties.

CHAPITRE V.

De la liberté des consciences.

Les lois relatives aux cultes religieux peuvent se diviser en trois systèmes.

Attacher une religion aux institutions politiques d'un peuple, commander à tous les habitans de la professer, leur interdire toutes les autres : voilà un premier régime ; il a été long-temps le plus usité.

Un autre consiste à désigner une religion comme celle de l'état, et à l'entretenir aux frais du trésor ou du domaine public ; mais en permettant l'exercice des autres cultes, soit que l'état se charge aussi d'en salarier les ministres, soit qu'il s'en dispense.

Quelquefois enfin toutes les religions ont été indistinctement admises sans défaveur ni privilége, ni dépense publique pour aucune.

Nous n'aurons aucune observation particulière à faire sur ce troisième régime ; il établit immédiatement la liberté des consciences. Le premier la détruit radicalement ; et le second peut la maintenir s'il ne s'altère point, si les priviléges qu'il accorde à un seul culte n'entraînent aucune conséquence contre le libre exercice des autres, contre la parfaite indépendance des opinions en matière religieuse. Ces opinions, après tout, sont du nombre de celles dont nous venons de parler; et si le chapitre précédent nous laisse quelque chose à dire en celui-ci, c'est à raison de l'influence particulière que l'intolérance religieuse exerce sur le sort des peuples.

Nous avons donc à montrer, d'une part, comment le premier des trois régimes qui viennent d'être distingués est toujours funeste ; de l'autre, comment le second peut se concilier avec la liberté.

I. D'ordinaire, les religions ne se bornent point à la pure théologie naturelle ou surnaturelle, c'est-à-dire à des dogmes concernant Dieu, l'ame et la vie future : il arrive presque toujours que nous imposant plusieurs autres croyances historiques, chronologiques, astronomiques, politiques, philosophiques, elles prétendent resserrer et captiver les connaissances humaines dans le cercle qu'elles ont tracé; et comme il n'existe et ne peut exister aucune religion qui ne se dise la véritable, comme elles peuvent toutes, à ce titre, s'armer d'une autorité sacrée pour empêcher les progrès que la société veut faire, il s'ensuit que lorsqu'elles exercent en effet cet empire, auquel il est bien rare qu'elles n'aspirent pas, c'en est fait de la liberté de la pensée, et par conséquent de toutes les garanties sociales.

Cependant, hors une seule, toutes les religions sont fausses. Ainsi, parmi les religions principales, déjà nombreuses, parmi les sectes diverses à distinguer dans chacune d'elles, parmi les sous-divisions indéfinies de ces sectes, il n'y a qu'une exception à faire: tout le reste est idolâtrie, impiété, blasphème, ou du moins erreur, égarement, désordre. Tous les anciens peuples, hormis un seul, ont embrassé des religions mensongères ou défectueuses; et nous considérons encore aujourd'hui comme telles, celles qui dominent dans l'Asie presque entière, dans une vaste partie de l'Afrique, dans un grand nombre d'états européens et américains. Ainsi, lorsqu'on envisage la société sous l'aspect général que présente l'histoire de tous les temps et de tous les lieux, on est obligé de convenir que le système qui prescrit un seul culte et qui exclut tous les autres, a égaré la raison, vicié les institutions politiques, asservi et dépravé les hommes sans honorer assurément la Divinité.

puisqu'au contraire il a forcé le plus souvent à la méconnaître, à la défigurer, à l'outrager.

Appliqué à la religion véritable, ce système n'en devient pas meilleur. D'abord il la fait révoquer en doute, puisqu'il suppose qu'on a besoin d'être contraint par corps à la croire vraie, et qu'elle ne brillerait point assez de l'éclat de ses preuves et de sa doctrine. En second lieu, il la dépouille, autant qu'il est en lui, des caractères de justice et de mansuétude qu'elle doit avoir pour ressembler au Dieu qu'elle adore, la revêt des armes de la tyrannie, et la transforme en une puissance exterminatrice. Enfin, il la met en contradiction avec la sûreté individuelle, avec l'essor des facultés humaines, avec la franchise des relations sociales, avec les intérêts et les conditions positives des associations politiques.

Lucrèce se plaignait énergiquement des atrocités commises au nom de la religion. Qu'eût-il dit, si l'histoire des siècles écoulés depuis avait pu se dévoiler à ses regards! On a souvent commencé le dénombrement des victimes immolées par l'intolérance dans les quatre parties du monde. Cet immense et lamentable calcul n'a jamais été achevé; mais chacun peut en rechercher les élémens dans l'histoire dont ils ensanglantent toutes les pages. Il me semble que les esprits droits et les cœurs sensibles ne devraient avoir besoin d'aucune autre leçon pour apprendre à respecter toutes les croyances et toutes les incrédulités.

En observant de près les hommes intolérans, on en distingue trois espèces. Quelques-uns, entraînés par un enthousiasme ardent, par les habitudes qui le produisent et l'alimentent, obéissent, en persécutant, aux mouvemens d'une conscience aveugle, sincère, et intraitable. D'autres, fatigués de leurs propres doutes, qu'ils recèlent et font taire, s'irritent contre ceux qui les fortifient en les exprimant. Mais il est, en troisième lieu, des intolérans plus formidables qui, délivrés de toute croyance et de toute conscience, ne soutiennent, sous le nom de doctrines, que leurs propres intérêts. Quiconque, en matière de religion, ne parlera point leur langage, car ce n'est plus là qu'un langage, ils le proscriront à la fois comme un agresseur de leurs possessions, et comme un censeur de leur fourberie. Plus calme et plus méthodique que les deux précédentes, cette troisième classe de persécuteurs est, depuis quatre siècles, la plus nombreuse et la plus puissante. La seconde n'a jamais été qu'auxiliaire; et la première, réduite maintenant à ce rôle, en remplissait un plus actif au moyen âge. Elles ont besoin de s'entr'aider : les deux premières pourraient manquer de prudence, et même de méchanceté; la troisième dirige l'inquiétude et le zèle que leur donnent des persuasions ou des scrupules qu'elle n'a pas.

Mais toutes trois ont pour adversaires parmi les hommes religieux, ceux en qui une conviction réfléchie s'unit aux lumières de l'esprit, à la droiture et à la bonté du cœur. Ceux-là savent qu'il n'y a pas plus de profit que de justice à exiger de qui ne croit pas un langage hypocrite, et des habitudes mensongères : ils savent que toute imposture est irréligieuse, que le déguisement dégrade; que si l'erreur et l'incrédulité sont des malheurs ou des torts, proscrire par dévotion est une frénésie, et persécuter sans croire, le comble de la perversité. Ils savent à quels périls on expose une société lorsqu'on veut que tout devienne astuce, fiction, simulacre, dans les mœurs des classes instruites; que les visages y soient des masques; les opinions, des rôles; et les entretiens, des piéges. Or, tels sont les effets les plus innocens de l'intolérance dans un pays où, par le progrès des sciences et des arts, l'esprit humain s'est hasardé, égaré ou avancé dans des routes diverses, où se sont élevées du sein des sectes anciennes, et se sont perpétuées, malgré l'éclat et la rigueur des anathêmes, beaucoup de sectes nouvelles, théologiques et philosophiques, sceptiques ou crédules, zélées ou paisibles. Il est indubitable que, dans une telle société, il existe, en matière religieuse, une grande variété de sentimens, et que la contrainte qui condamnerait à dissimuler toutes les doctrines, hors une seule, ne contribuerait ni à enraciner ni à propager celle-là.

Cette contrainte, quand on l'a voulu établir, a exigé des persécutions atroces, sur lesquelles nos yeux ne se reportent qu'avec horreur. On avait inspiré aux croyans un fanatisme si sauvage qu'il leur semblait tout simple que l'hérésie ou l'incrédulité fût expiée dans les flammes : les proscrits n'excitaient d'intérêt que lorsqu'il semblait douteux qu'ils eussent effectivement professé les opinions condamnées ; dès que ce fait était avoué ou paraissait avéré, les supplices vengeaient, disait-on, le ciel ; et les peuples, les rois, les prêtres, s'attroupaient autour des bûchers pour immoler ou voir expirer des victimes humaines, bien ou mal convaincues d'une erreur. C'est ce qui se pratique encore dans les lieux où l'inquisition subsiste ; et, quelque épouvantables que soient ces sacrifices, ils sont en effet nécessaires partout où une seule doctrine théologique prétend interdire toutes les autres. Aucune barbarie, je l'avoue, ne peut jamais surpasser celle-là : commis au nom de la Divinité, ces forfaits sont assurément ceux qui l'outragent avec le plus de scandale et d'horreur ; mais c'est à ce prix qu'un clergé se maintient exclusif, et que, sans parvenir à extirper les sectes qu'il redoute, il étend et perpétue son empire. Dieu, sa bonté, sa justice, sont relégués dans le ciel ; et la tyrannie est le dieu de la terre, soit que le pouvoir civil et le sacerdoce se confondent en une seule autorité suprême, soit que divisés, à la fois complices et rivaux, ils soumettent le monde au joug de leur concorde, ou le déchirent par leurs dissensions.

II. Les motifs qui doivent déterminer à rejeter cet affreux système, se reproduisent pour conseiller à ceux qui établissent une religion privilégiée, mais non exclusive, de contenir ce second régime dans ses plus étroites limites, et de ne rien négliger pour qu'il ne dégénère point en intolérance.

Quelques personnes voudraient écarter jusqu'à l'idée et à l'expression de religion de l'état. C'est, à mon avis, trop de rigueur : un culte professé depuis plusieurs siècles par le plus grand nombre des habitans, peut avoir, et par sa propre nature, et par de si longues habitudes, assez de relations avec la morale publique pour mériter qu'on le place au nombre des institutions propres à la maintenir. L'essentiel est de bien comprendre que ce qui offense la liberté, ne bonifie jamais les mœurs, et que de tous les peuples, le plus exposé à se dépraver est celui qui conserve le moins de garanties. Aussi les législateurs sages commencent-ils par déclarer, sans aucune sorte de restriction, que « chacun professe sa religion avec une même » liberté, que chacun obtient pour son culte » la même protection ; » et s'ils ajoutent que « cependant telle religion est celle de l'état, » loin de modifier ou infirmer un droit fondamental par un fait particulier, ils présentent seulement ce fait comme non exclu par le droit qui le limite.

L'existence d'une religion de l'état donne lieu à des précautions importantes, dont les unes intéressent, d'une manière plus directe, le gouvernement, et les autres les gouvernés.

Les premières, quoiqu'elles ne touchent point immédiatement au sujet que je traite, n'y sont pourtant pas étrangères ; car si l'autorité civile subissait le joug d'une prétendue puissance ecclésiastique, toutes les garanties individuelles seraient anéanties, puisqu'il n'y aurait plus de garant. Mais les longs démêlés du sacerdoce et de l'empire ont compliqué les détails dans lesquels il faudrait entrer pour déterminer les rapports du gouvernement avec le culte qu'il lui convient d'entretenir et avec le clergé qu'il lui plaît de salarier. Qu'il nous suffise de supposer que l'autorité civile restera pleinement indépendante de tout établissement religieux, que le prince ne déposera point sa couronne sur l'autel, et ne se laissera enlever par qui que ce soit le droit et les moyens de protéger les personnes, les propriétés, l'industrie, la libre circulation des lumières.

Les frais du culte déclaré national sont supportés par tous les habitans, y compris ceux qui ne la professent point. Cette condition, qui pourrait sembler dure. si ces frais devenaient énormes, résulte immédiatement de l'hypothèse d'une religion de l'état ; et l'obligation de contribuer à cette dépense est incontestable, comme celle de s'abstenir de tout acte attentatoire au plein exercice de ce culte dans l'intérieur de ses temples. Certes, si ce même respect est garanti aux autres cultes, à plus forte raison doit-il l'être à celui que la loi distingue. Mais voici par quels acheminemens cette distinction peut se transformer en une domination absolue et exclusive.

D'abord, si ce culte étend ses rites solennels hors de l'enceinte de ses temples, et si, dans ses excursions, il exige de ceux qui ne le pratiquent pas, certains hommages ou certains services, c'est évidemment empiéter sur leur indépendance, leur prescrire des actes étrangers ou contraires à leurs opinions religieuses. De rares encore, ces cérémonies extérieures deviendront fréquentes, presque journalières, placeront un grand nombre de personnes sous le joug d'usages qui leur répugnent, de règlemens puérils et arbitraires; provoqueront enfin des insultes, des querelles, des vexations.

Si ensuite, transformant en lois de police générale les devoirs particuliers que ce culte impose à ses sectateurs, on restreignait, en certains jours, l'activité des travaux de tout le monde, la liberté universelle de l'industrie et du commerce, et si peu-à-peu on étendait la domination de certains préceptes religieux jusqu'aux actes de la vie privée, jusqu'aux détails des habitudes domestiques, les garanties promises aux autres cultes deviendraient de plus en plus illusoires.

On les rendrait à-peu-près nulles, si l'on chargeait les ministres du culte privilégié ou d'un culte quelconque, de fonctions civiles; si on les constituait les rédacteurs et les dépositaires des actes qui constatent les naissances, les mariages, les décès, et fixent l'état des personnes. Il n'y aurait pas loin de là à soumettre les clauses du contrat matrimonial, les conditions de sa validité, à des statuts purement ecclésiastiques. Qu'une religion s'adressant à la conscience de ceux qui la professent, leur recommande certaines pratiques; qu'elle les leur présente comme des devoirs; qu'elle les détourne des actions contraires à ses maximes et à ses statuts, le ministère sacerdotal s'étend jusque-là. Mais, dans l'ordre social, le contrat de mariage demeure, comme tous les autres contrats, sous l'empire des lois civiles; et celles-ci se font intolérantes, du moment où elles puisent leurs principes et leurs dispositions dans une doctrine religieuse. Altérées de cette manière, elles cessent évidemment de garantir la liberté des consciences. Elles communiquent à une religion la puissance coactive qui ne doit appartenir qu'à elles seules.

Bientôt le clergé deviendrait lui-même une puissance, il oserait en prendre le titre; il distinguerait dans le monde deux pouvoirs, le sien qu'il appellerait ecclésiastique, spirituel, sacré, divin, et le pouvoir vulgaire des princes temporels et des magistrats civils. Il prétendrait avoir ses tribunaux, sa juridiction, sa jurisprudence, transformerait son ministère pastoral en une autorité publique; et au lieu de cette confiance purement volontaire que peuvent obtenir les exhortations des prêtres, comme les conseils des médecins, il exigerait une soumission proprement dite à ses sentences.

D'étranges abus des prédications publiques seraient de nommer ou désigner les personnes dont les opinions ou les actions sembleraient, à tort ou à droit, contraires aux doctrines religieuses; de flétrir les réputations, de menacer les propriétés, et de protester même contre les garanties données par les lois. L'impunité de ces diffamations et de ces provocations séditieuses ne laisserait aucun moyen de croire ni à la liberté des consciences, ni à la force du gouvernement, ni à l'empire d'une constitution.

Mais qui peut dire à quel point toutes les garanties seront compromises, si la religion de l'état, ayant un premier pontife hors de l'état, ce chef étranger, indépendant des lois nationales, peut s'en prétendre le régulateur; si ses décrets, ses sentences, ses anathêmes viennent frapper les personnes et les choses et les lois et le prince lui-même; s'il s'arroge le droit de disposer des domaines et des revenus publics, de créer et de gouverner des corporations, d'établir et de lever des impôts, de réformer tout ce qu'il aura qualifié abus ou désordre; si, accordant ou refusant des faveurs, il associe assez d'intérêts particuliers aux siens propres pour fomenter les discordes, et pour influer selon les circonstances, soit sur les détails de l'administration, soit sur les plus grands mouvemens politiques; si, unissant à des fonctions sacerdotales une puissance temporelle et confondant toujours ces deux titres pour les soutenir et les agrandir l'un par l'autre, il se met en possession de modifier par ses traités comme par ses décrets le régime intérieur d'un pays qu'il ne gouverne pas? Après que ce pontificat a menacé tant de trônes, lorsqu'on sait qu'il n'en reconnait point l'indépendance, lorsqu'il ne cesse de protester contre la liberté des consciences, comment espérer qu'on la mettra hors de ses atteintes, à moins qu'on ne déclare, plus hautement que jamais, qu'il n'exerce, en tant que pontificat, aucune puissance extérieure; que ses exhortations religieuses ne sauraient prendre le caractère de lois politiques, civiles ou pénales; que ses actes enfin, de quelque nom qu'il les qualifie, ne peuvent en aucun cas, en aucun genre d'affaires, modifier, en quoi que ce soit au monde, les droits, l'état et le sort des personnes? Supposons qu'un pontife suprême, après avoir, dans l'une de ses ordonnances, disposé des domaines et des revenus d'un état qui n'est pas le sien; après avoir créé, modifié, doté des établissemens publics; menacé, sous les noms vagues d'abus et de désordres, les garanties données par la loi fondamentale aux propriétés, aux industries et à l'état civil des personnes; supposons, dis-je, qu'il termine sa décrétale en disant, au nom de Dieu, anathème à quiconque, roi ou sujet, citoyen ou représentant, gouvernant ou gouverné, aura la présomption d'opposer la moindre résistance à des usurpations si révoltantes : assurément un pays où un tel écrit serait publié comme une loi, ou à la suite d'une loi, renoncerait par ce seul fait, non seulement à toute liberté individuelle de conscience, mais à tout reste de dignité nationale.

Les ministres de la religion de l'état ne sont, aux yeux de l'état, que des officiers de morale publique, donnant aux peuples des leçons, et, s'il se peut, des exemples de vertus, présidant au culte divin, et répandant, par les seules voies de l'instruction et de la persuasion, la connaissance des dogmes religieux, naturels ou révélés; mais n'exerçant aucune autorité directe et proprement dite, ne s'immisçant dans aucune branche d'administration ni de législation, et ne pouvant contraindre personne à pratiquer certains préceptes, à croire ou à ne pas croire certaines doctrines.

Il serait par trop dérisoire de promettre la liberté de conscience si le culte privilégié ayant, comme il lui importe de l'avoir, la liberté de prouver, par des discours et des écrits publics, la vérité de sa propre doctrine, et par conséquent de réfuter ou de combattre les doctrines contraires, celles-ci demeuraient condamnées au silence, privées des moyens de se défendre, et d'examiner, à leur tour, celle dont elles auraient sans cesse à redouter les attaques, à tous égards si formidables. Il faut donc que la liberté de la presse, telle que nous l'avons envisagée dans le chapitre précédent, s'étende sans distinction ni restriction à toutes les opinions religieuses. Ce n'est pas qu'il y ait de très-grands avantages à espérer de ces discussions théologiques ; mais on n'a point à craindre qu'elles se prolongent sous un régime sage. Lorsqu'en effet les consciences sont parfaitement libres, tous ces écrits polémiques perdent bientôt leur chaleur et leur intérêt ; l'esprit humain se reporte à des études plus paisibles. On cesse de contredire les dogmes religieux, dès qu'annoncés et non prescrits, offerts et non imposés, ils ne menacent aucun droit individuel, aucun intérêt civil, aucune relation politique. Mais la persécution donne le besoin et quelquefois le talent d'écrire : les apologies des doctrines proscrites s'écrivent à la lumière des bûchers allumés par les proscripteurs. On citerait tel anathème qui a fait composer trois mille volumes de théologie pour ou contre un seul ouvrage. Hélas ! combien faudra-t-il encore d'expériences pour qu'on sache enfin que, soit qu'il s'agisse de la vérité ou de l'erreur, le sang des martyrs est la semence des croyans, et que des cendres d'un livre, bon ou mauvais, solennellement brûlé, il doit sortir une bibliothèque?

Tous les argumens contre la libre publication des opinions en matière religieuse, se réduisent à deux espèces : les uns sont suggérés par une persuasion vive, les autres puisés dans des considérations politiques. On repousse cette liberté, ou comme outrageant la Divinité même, ou comme ébranlant les bases de l'édifice social : en ne la tolérant point, on croit défendre la cause de Dieu, ou bien celle de la société; motifs extrêmement respectables, et auxquels il n'y aurait rien à opposer, si les périls qu'ils supposent étaient réels. C'est ce que nous examinerons; mais pour que la question soit bien posée, il est indispensable de s'arrêter à deux observations préliminaires.

Premièrement, il faut se souvenir que nous ne raisonnons point dans l'hypothèse d'une religion exclusive, et de l'interdiction absolue de toutes les doctrines hors une seule, de tous les cultes hors celui que l'état préfère. Nous supposons, au contraire, que chacun professe sa religion particulière *avec une égale liberté*, et obtient pour son culte *la même protection.* Or, accorder ainsi à plusieurs de nos concitoyens le droit de ne point professer la religion de l'état, et leur ravir celui d'expliquer pourquoi ils ne la professent point, ce serait leur permettre et leur interdire à-la-fois une même chose; ils ne jouiraient certainement pas d'une *liberté égale* à la nôtre, n'obtiendraient pas *la même protection*, si, privés de la faculté de justifier publiquement leur incrédulité ou leur croyance, ils se voyaient condamnés à s'entendre dire chaque jour qu'ils ont tort, sans pouvoir jamais essayer de prouver qu'ils ont raison.

En second lieu, nous recherchons ici quelles doivent être les garanties sociales, non dans certains pays seulement, mais chez tous les peuples, y compris ceux où une fausse religion est celle de l'état. Là, sans doute, l'interdiction des écrits contraires au culte national, ne garantirait que l'erreur, que la perpétuité des maux qu'elle engendre, des fléaux qu'elle amène; et l'établissement des missions étrangères prouve que nous croyons utile et légitime de répandre les lumières au sein de ces contrées malheureuses. Cependant ceux qui les gouvernent auraient à leur disposition tous les argumens qui servent à repousser la publication des doctrines opposées à une religion dominante ; ils commenceraient par déclarer que leur religion est la véritable, et partiraient de ce point pour empêcher de la discuter : ils allègueraient des raisons d'état, insisteraient sur les périls des controverses ; et si par hasard ils étaient eux-mêmes désabusés des superstitions de leur pays, ils oseraient peut-être les représenter encore comme les seules bases à donner à la morale dans l'esprit grossier du vulgaire. Non, leur dirions-nous, ces croyances, si elles sont forcées, ne seront pas des gages de bonnes mœurs : elles ont été, au contraire, les causes immédiates des plus fréquens désordres et des plus abominables forfaits. Assurément vous ne sauriez apporter trop de zèle à maintenir, par la contrainte, vos superstitions surannées, s'il était vrai que sans elles les hommes dussent commettre encore plus de crimes qu'ils n'en ont commis sous leur empire ; mais tout ce qu'on a pu faire jusqu'ici d'expériences sur un tel sujet, prouve que les hommes deviennent meilleurs et plus heureux à proportion qu'ils sont moins crédules et moins esclaves ; l'autorité légitime s'affermit d'autant plus qu'elle confond moins le respect que lui doit la raison publique avec le crédit populaire qu'usurpe et que perd tôt ou tard l'imposture. Gardez-vous d'associer les intérêts du pouvoir à des illusions que, malgré tant de dépenses prodiguées pour leur entretien, vous ne pouvez maintenir qu'en faisant taire ceux qu'elles ne séduisent pas.

L'hommage dû à la religion véritable est de la distinguer comme la seule qui n'ait rien à redouter d'une discussion libre. Il n'y a qu'un moyen d'élever contre elle des doutes périlleux, et qu'elle ait peine à dissiper; c'est de ne pas souffrir qu'on la contredise. Vous qui la révérez comme un bienfait du ciel, reposez-vous donc de son maintien sur sa divinité, bien plus encore que sur les soins particuliers que prend chaque jour, pour entretenir son influence, l'état qui l'a déclarée la sienne; et puisque d'ailleurs vous souffrez que plusieurs de vos concitoyens ne la pratiquent pas, laissez-leur la faculté d'exposer les motifs qui les déterminent à s'en abstenir. Que craignez-vous de la publicité de ces motifs, vous, si convaincus de leur faiblesse extrême, vous dont la foi repose sur d'inébranlables fondemens? Ce serait une étrange manière d'être sûr de la bonté de votre cause, que d'imposer silence à votre partie adverse. En désespérant de triompher, si vous ne parlez tout seul, vous établissez le préjugé le plus favorable à vos antagonistes, et vous leur conciliez bien plus de suffrages qu'ils n'en auraient obtenu en défendant une mauvaise cause.

Ajoutons que la morale publique n'est aucunement compromise par ces controverses. En disputant sur les croyances et les pratiques nécessaires pour éviter les peines et mériter les récompenses d'une vie future, on s'accorde sur les devoirs de fils, de père, d'époux, de sujet, de citoyen, que la vie sociale exige. L'équité, la bienfaisance, les bonnes mœurs ont été recommandées, prêchées à l'envi par presque toutes les sectes anciennes et modernes. La plupart ont aspiré à la perfection des vertus humaines : il n'y a guère eu que les jésuites qui aient tenté de justifier les désordres et les attentats que les lois répriment, et qui aient enseigné une théologie malfaitrice. Pour l'ordinaire, la morale proprement dite, celle qui intéresse les gouvernemens et les peuples, demeure saine à côté des différentes doctrines théologiques, excepté lorsqu'elles sont intolérantes. Otez donc l'intolérance, et tous les cultes contribueront à maintenir l'ordre moral sur la terre : la vraie religion aura de plus l'avantage de mieux enseigner le chemin du ciel, intérêt sacré, sans doute, mais dont le soin doit être abandonné à nos consciences, si vous ne voulez pas transformer cette religion bienfaisante en une tyrannie exterminatrice. Puisque la foi est un don de la bonté divine, elle ne saurait être une loi que la puissance humaine impose.

Observez, enfin, que l'interdiction des écrits contraires à une religion privilégiée conduirait à l'asservissement absolu de la presse. Ne savez-vous pas que les théologiens ont prétendu arrêter le progrès des sciences, qu'ils ont anathématisé le système du monde, retrouvé par le génie; qu'ils ont fait expier à Galilée ses observations et ses découvertes; qu'ils prononcent des décisions irréfragables sur la chronologie et les annales des anciens peuples; qu'ils prétendent assujettir l'histoire à leurs traditions doctorales, et surtout asservir à l'enseignement de leurs écoles tous les genres de connaissances idéologiques, morales et politiques, que le mot de philosophie désigne? Mais l'éloquence même, la poésie, les productions purement littéraires, que de peine n'ont-elles pas à être trouvées orthodoxes! Que de livres anciens et modernes à exclure des bibliothèques classiques, que de pages à retrancher des meilleurs livres, si rien ne doit offenser directement ni indirectement aucun des dogmes, des préceptes, des rites, des détails innombrables qui tiennent de près ou de loin à une théologie dominante !

On a fort souvent fait sentir l'impropriété du mot *tolérance*. Il semble n'exprimer qu'une grâce, qu'une concesssion provisoire : il humilie, et menace beaucoup plus qu'il ne garantit. La liberté des consciences serait, au contraire, une condition générale, honorable, irrévocable de l'association politique ; mais, au mot près, qu'on puisse en effet professer, sans entraves et sans périls, tout genre d'opinions, religieuses ou non religieuses; cette justice a été jusqu'à présent si rare, qu'on devra la considérer comme un bienfait.

CHAPITRE VI.

Des gouvernemens qui refusent expressément les garanties individuelles.

Chez les anciens, toute garantie individuelle était refusée à la partie considérable de la population qu'on retenait en esclavage, et l'on s'avisait fort peu de fixer et d'assurer les droits individuels des autres habitans. La plupart des monarchies étaient absolues; et l'histoire de celles où le pouvoir du prince avait reçu quelques limites est pleine encore d'actes arbitraires, et de ces troubles intérieurs qui indiquent toujours l'absence, la suspension ou l'imperfection des garanties. Dans les républiques on s'était beaucoup plus occupé de la part que chacun aurait aux délibérations et résolutions politiques, que de la sûreté des personnes et des propriétés, que du libre exercice de l'industrie et de l'indépendance des opinions. Tout y était sacrifié à des intérêts généraux qu'on envisageait comme distincts de tous les intérêts particuliers, et qui fort souvent en effet se conciliaient fort mal avec eux.

On aspirait à une sorte de grandeur nationale compatible avec le mal-aise domestique de la plupart des citoyens. Des dissensions perpétuelles et quelquefois violentes entre les classes ou entre les partis, semblaient la seule manière d'être qui convînt à ces sociétés, la condition nécessaire de leur existence, de leur énergie, et de l'éclat dont elles aimaient à se couvrir. Nous devons avouer que ce système n'est pas le moins propre à développer les forces morales de l'homme ; il peut ouvrir aux talens des carrières brillantes, et placer la vertu dans des situations héroïques. Mais il y a lieu de penser que les mœurs, les habitudes, les idées qu'il suppose sont perdues sans retour : des travaux plus divisés, une industrie plus active, un commerce plus étendu, des connaissances plus précises, ont donné d'autres besoins, et imprimé une toute autre direction aux peuples actuels de l'Europe.

Au moyen âge, il s'est formé, principalement en Italie, quelques républiques où l'exercice des droits de cité et une sorte de régime municipal tempéraient, limitaient, annulaient la tyrannie des seigneurs, mais en assurant aux opinions populaires ou dominantes un despotisme absolu, et en laissant les personnes et les propriétés exposées aux attentats de chaque faction qui venait à prévaloir. La liberté est en soi si salutaire que son image, ainsi défigurée, eut le pouvoir encore d'entraîner l'industrie et les arts à des progrès qu'ils ne faisaient point ailleurs. Mais tant d'institutions gothiques étouffaient ces faibles germes d'indépendance, qu'ils n'ont pu se développer assez pour jeter sur aucune de ces républiques un éclat comparable à celui dont brilleront à jamais dans les annales de la terre, les républiques de l'antiquité. Du reste, en tous lieux où sont méconnus les droits civils, pour lesquels seuls on a besoin de droits politiques, la destinée de ceux-ci est de n'amener que des orages, et de s'éteindre au milieu des calamités.

En exceptant ou sans excepter quelques républiques, le tableau général que nous offrent les siècles du moyen âge est celui de vingt peuples retenus dans les plus profonds abîmes de la servitude, de l'ignorance et de la misère. Là se dévoilent tous les moyens qui contribuent à subjuguer pour long-temps l'espèce humaine : invasions, conquêtes, usurpations, institutions féodales, barbarie et confusion des lois, guerres interminables, expéditions lointaines, proscriptions, incendies, massacres, intolérance religieuse, et domination du pouvoir pontifical. C'est à ces conditions que les princes achètent le bonheur d'éteindre les lumières et les garanties, et de s'en priver eux-mêmes. Ce régime de fer, qui semblait inébranlable, s'est pourtant affaibli par degrés ; et lorsqu'on recherche les causes de sa décadence, on est ramené, pour découvrir les premières, aux temps mêmes où il jouissait de sa plus grande force. Telles ont été surtout les querelles soit entre le sacerdoce et l'empire, soit entre les monarques et les seigneurs ; tels les combats que se livraient entre elles les sectes persécutrices ; tels enfin ces armemens insensés qui dépeuplaient l'Europe, mais agitaient les peuples et les disposaient à s'instruire.

Depuis le commencement du quinzième siècle, d'autres dissensions et plusieurs découvertes ont à tel point éclairé l'esprit humain, et ranimé l'activité publique, que, pour persister à refuser les garanties individuelles, les gouvernemens furent obligés à donner au moins des promesses, à faire des transactions ou des concessions, soit réelles, soit mensongères, et à inventer sans cesse de nouveaux artifices pour dépraver les mœurs et comprimer l'essor de la pensée. Ils ne sont parvenus cependant qu'à rendre l'émancipation des peuples plus tardive et moins complète. Lentes ou explosives, des révolutions politiques, y compris celles qu'on nomme religieuses, ont rempli, presque sans interruption, le cours de ces quatre cents dernières années, et manifesté la lutte qui ne cessait d'exister entre les germes vivaces du nouvel état social, et les restes inanimés des institutions du moyen âge. On cite comme l'un des plus tranquilles un pays où depuis l'an 1400, on a fait la pragmatique, résisté au concordat, rejeté les décrets du concile de Trente, proclamé les libertés de l'église nationale, accueilli le plus mal qu'on a pu des bulles qui se disaient dogmatiques; un pays où des guerres civiles se sont allumées sous les noms de bien public, de ligue et de fronde; où des dragonnades et un édit proscripteur n'ont pu déraciner le protestantisme; où les persécutions ont honoré et perpétué une autre secte religieuse; où les anathêmes et les arrêts ont rendu plus célèbres les écrits et les écrivains qu'ils ont frappés; où des parlemens exilés, cassés, renouvelés, rappelés, se sont vus toujours environnés d'hommages quand ils résistaient au pouvoir arbitraire, toujours désavoués comme lui quand ils lui servaient d'instrumens ou d'organes ; un pays où sur six rois, depuis 1589 jusqu'en 1793, trois ont péri de mort violente, victimes de fanatismes divers, sans parler d'un quatrième dont les jours ont été menacés en 1757. Pourquoi tant d'agitations, de discordes et d'attentats au sein du plus doux et du plus sociable des peuples, et comment a-t-il pu se précipiter enfin dans une révolution terrible? C'est que sa sociabilité même, son industrie, ses progrès lui avaient fait sentir le besoin et peu à peu concevoir l'idée des garanties qu'on s'obstinait à lui refuser, et qu'il a demandées toutes en 1789, par des vœux libres et calmes, authentiques et unanimes.

Qu'une vaste révolution ne soit l'ouvrage que d'un petit nombre d'ambitieux, qu'elle ait éclaté au sein d'un grand peuple et l'ait agité tout entier malgré lui et sans son concours, c'est une supposition puérile. Ce peuple aura fort bien pu se sentir entraîné hors des bornes qu'il se serait prescrites; il aura réprouvé les excès, regretté d'avoir consenti à l'établissement et à l'agrandissement de certains pouvoirs; mais si ses besoins, ses sentimens, ses opinions n'avaient pas provoqué ou secondé les premiers mouvemens, s'il eût refusé d'y applaudir et d'y participer, tout se serait nécessairement réduit à des tentatives que le gouvernement aurait réprimées avec un plein succès. Tout grand changement qui s'opère malgré le gouvernement dans le système politique d'une nation, sans intervention de forces étrangères, est voulu, consommé, approuvé par elle; et lorsqu'après vingt-cinq ans, on vient lui attribuer le droit de le désavouer, c'est une flatterie calomnieuse toute pareille à celle que lui adressaient les promoteurs des excès et des crimes lorsqu'ils y attachaient son nom. Ce qui lui appartient et n'appartient qu'à elle seule, c'est la réclamation des garanties individuelles; réclamation toujours si vive quand elle est libre, qu'elle se confond avec les premiers efforts qui tendent à la satisfaire.

Si ces observations sont justes, il en faut conclure qu'un peuple éclairé, sensible, industrieux, à qui l'on refuse ces garanties, reste dans un état critique durant lequel les orages se forment, s'amoncèlent, grondent ou éclatent. La prudence veut qu'on le fasse jouir des droits qu'il réclame, ou, s'il se peut, qu'on lui en fasse perdre l'espoir ou même l'idée, en le replongeant dans les ténèbres. Entre ces deux termes, il n'y a que vicissitudes, jamais de stabilité. On avance ou l'on recule, et tous les pas, progressifs ou rétrogrades, sont des secousses; il n'est possible de s'arrêter en aucun point. En vain l'on voudrait nous reporter à des époques quelconques, à choisir depuis le milieu du quinzième siècle : nous ne pourrions pas plus nous y fixer que ne l'ont pu nos pères. Celles que nous trouverions dures provoqueraient des plaintes amères; et les plus douces, en favorisant nos progrès, nous entraîneraient vers le terme où les garanties sont parfaites. C'est donc au moyen âge qu'il faudrait nous ramener et nous enchaîner par des liens plus étroits que ceux sous lesquels ont plié nos ancêtres; car nous avons acquis plus de ressort, et il n'est guère possible de nous comprimer comme eux sans nous écraser.

Ce moyen âge mérite, à tous égards, d'être profondément étudié. C'est l'âge de fer du genre humain : c'est l'âge d'or des oppresseurs: il n'a manqué aux tyrannies de ces temps-là que l'art de s'accorder entre elles, et de ne point affaiblir par leurs dissensions la ligue redoutable qu'elles avaient formée contre les peuples. L'antiquité, quoi qu'on en dise, n'offre point d'exemple d'un joug aussi accablant que celui qu'imposaient à nos misérables aïeux tant d'institutions despotiques, militaires, féodales, sacerdotales, monastiques, scolastiques, imaginées ou perfectionnées depuis le sixième siècle de l'ère vulgaire jusqu'au quatorzième. On dirait que l'esprit humain, renonçant à toute autre habileté, avait exclusivement consacré ses facultés, employé ses forces à forger ses propres chaînes. Aussi voyons-nous les regards des oppresseurs se reporter sans cesse vers une époque si regrettable. Qu'un aventurier vienne usurper la puissance suprême, il s'empressera de recueillir les noms, les images, tous les débris de ces institutions ferrugineuses, et s'efforcera d'en recomposer, pièce à pièce, l'édifice effroyable. Il replongera les arts eux-mêmes dans cette barbarie : vous reverrez des usages, des costumes, des décorations gothiques; vous n'entendrez parler que de Charlemagne, de paladins, de seigneurs châtelains, de chevaliers et de troubadours. On vous vantera la naïveté des productions les plus insipides ; et des mœurs qui réellement furent aussi licencieuses que serviles vous seront données pour emblêmes de la courtoisie et de l'honneur.

Ce n'est pas, je crois, par des doctrines qu'on réussirait à repousser la demande des garanties individuelles. Que dire en effet aux hommes, pour leur prouver qu'ils doivent être esclaves et non sujets, possédés et non gouvernés, appartenir à des seigneurs ou à un seul maître absolu? Oserait-on même exprimer une telle conséquence, à la suite des argumens destinés à l'établir?

Voici quels sont ces argumens, autant du moins que j'ai pu les comprendre :

« Il ne faut jamais de constitution : c'est » toujours un manifeste d'anarchie, un signal » de discorde, un obstacle invincible à l'exer- » cice de l'autorité légitime. Tout au plus » pourrait-on admettre, au plurier seulement, » l'emploi de ce mot de *constitutions*, en l'ap- » pliquant aux différentes lois fondamentales » d'un état, non réunies en un seul code. » Mais il vaut encore mieux que ces lois ne » soient écrites nulle part, et qu'elles subsis- » tent d'elles-mêmes dans les idées communes, » dans les habitudes publiques, dans les éta- » blissemens qui ont traversé plusieurs siè-

» cles. Un ancien peuple est mal venu à demander une constitution, puisqu'il en a une, qui, née et mûrie avec lui-même, se confond avec sa propre histoire, et se compose de traditions plus sacrées qu'aucun texte. Les mœurs nationales ont reçu pour toujours l'empreinte de ces institutions antiques, et ne prendront jamais celle des opinions consignées dans une constitution nouvelle. Il n'en résultera qu'un désaccord funeste entre les lois et les mœurs, entre l'exigence importune d'un nouveau code politique, et l'empire indestructible des anciens usages; entre les prétentions des classes roturières, fondées sur un ignoble système représentatif, et les droits naturels attachés aux grands domaines des hommes titrés et monarchiques; enfin entre les vaines spéculations d'une philosophie téméraire, et les principes immuables d'une religion divine. »

Je n'entreprends point de réfuter de si nobles raisonnemens : je dis seulement qu'ils sont devenus inefficaces. S'ils supposent de hautes lumières, ce sont celles que nous n'avons plus, et qu'on ne nous rendra point. Les conservateurs de ces doctrines ne réussiront point à les propager ; en vain ils feront admirer leur talent ou l'admireront eux-mêmes : l'inutile éminence de leur génie ne serait qu'une preuve plus éclatante de l'irréparable discrédit de leurs doctrines.

On sait bien qu'il y a des religions qui entremêlent à leurs rites, à leurs préceptes, à leurs dogmes, des opinions et des institutions politiques. Mais on sait aussi que la religion chrétienne n'a point ce caractère et n'admet point ce mélange : qu'elle est restée durant plusieurs siècles étrangère aux gouvernemens : qu'elle a été, depuis, indistinctement professée dans des républiques et dans des monarchies absolues ou tempérées ; qu'elle a partout recommandé l'obéissance aux lois et aux autorités légitimes : qu'elle n'a jamais prescrit aucun genre particulier de constitution sociale. Un citoyen, qui depuis est devenu souverain pontife (1), a publiquement déclaré : « Que l'Évangile ne tend point à détruire la liberté ; qu'au contraire, il en fait concevoir la plus juste et la plus honorable idée ; que le

---

(1) *Omilia del* Cittadino - *Cardinale Chiaramonti*, etc. *Imola*, *dalla stamperia* Nazionale, *l'anno sesto della* Libertà (1798), *in-4*.

gouvernement démocratique, loin de répugner au christianisme et d'être en opposition avec les maximes véritablement religieuses, appelle, entraîne les peuples à la pratique des vertus évangéliques; qu'en un mot la foi du chrétien se concilie parfaitement avec les droits et les devoirs de l'homme libre, et même du républicain. » Comment donc nous faire croire qu''il y ait de la témérité, de l'impiété dans la déclaration des garanties sociales, et dans l'établissement d'une monarçhie limitée par un système représentatif?

Ce sont les sujets de cette monarchie, et non pas son territoire, qu'il s'agit de représenter. Qui ne sait que les possessions territoriales ne sont point, dans un pays industrieux et commerçant, le seul genre de propriétés? Persuaderez-vous à un peuple immense qu'il n'existe que dans la plus petite des classes qui le composent, que par elle et pour elle seule? Il y a long-temps que les hommes ne sont plus, en Europe, compris dans les domaines, et comptés au nombre des choses possédées. L'étendue plus ou moins grande des richesses réelles d'une caste, est difficile à vérifier, et n'aboutirait à aucune conséquence précise; tandis que le droit de tous les gouvernés à être protégés, et par conséquent représentés, est immédiatement sensible.

Sans les mœurs, il est vrai, les lois sont vaines: mais un code politique qui n'est point en accord avec les mœurs, et qui ne parvient pas à les modifier, disparaît en peu d'instans, et presque de lui-même. S'il faut trente ans d'efforts, de guerres, de discussions et d'intrigues, pour extirper un système d'opinions et de lois, c'est qu'il a des racines profondes, c'est-à-dire morales, qui le reproduiraient encore après qu'on croirait l'avoir aboli. Les mœurs, en France, s'étaient élevées par degrés, surtout dans le cours du dix-huitième siècle, au niveau des institutions de 1789; les mœurs seules ont rendu ces institutions possibles, nécessaires, toutes-puissantes. A leur tour, depuis cette époque, les institutions ont tellement influé sur les mœurs que, pour ne pas s'apercevoir du nouvel aspect que celles-ci présentent, il faut se confiner dans quelques salons privilégiés, et se figurer qu'on y voit rassemblée la nation entière, et, comme on le dit quelquefois, *toute la France*. Je ne remarque pas cette illusion comme ridicule, car elle est désastreuse: c'est elle qui, entretenant une opposition futile, mais irritante, et conseillant des agressions d'autant plus inconsidérées qu'elles ne sont que des insultes, perpétue l'état de révolution, et multiplie les catastrophes.

S'il y a quelque peuple européen qui ait conservé durant quatorze siècles les mêmes lois, le même gouvernement, ce n'est assurément point le peuple français. Toute son histoire politique intérieure pourrait se réduire à l'établissement et au progrès du régime féodal sous les Mérovingiens, à l'affaiblissement momentané de ce régime sous Charlemagne, à sa renaissance et à ses développemens sous les successeurs de ce prince, à sa décadence lente, intermittente, et graduelle, sous la dynastie capétienne. Or, chaque variation de ce régime a modifié l'état des personnes, les droits des communes, la prérogative nationale, et, bien plus encore, la puissance du monarque. Quelques noms qualificatifs se maintiennent assez uniformément dans tout le cours de nos annales; celui de roi se transmet successivement à plus de soixante personnages: mais il a presque chaque fois une signification particulière. Il exprime tous les divers degrés de pouvoir qui peuvent se trouver compris entre l'impuissance absolue et le plein despotisme. Si vous recherchez quelle fut la mesure de l'autorité royale entre les mains de Childebert, de Charlemagne, de Louis-le-Bègue, de Hugues-Capet, de Saint Louis, de Philippe-le-Bel, de Charles VI, de Louis XI, de Henri III, et de Louis XIV, vous trouverez dix constitutions aussi différentes l'une de l'autre que celle qui existe aujourd'hui peut l'être de celle de 1780. Aucun des anciens corps de l'état n'a joui constamment des mêmes priviléges; il n'en est aucun qui n'ait diversement usé et abusé de ceux qu'il a conquis, aliénés, recouvrés, reperdus. Je ne parle pas des institutions subalternes qui ne remontaient qu'à des siècles peu reculés ; les parlemens, au treizième ou même au quatorzième, le conseil-d'état à la fin du seizième, les intendans au dix-septième, etc. : ce qu'il importe d'observer, c'est que les relations entre le prince et la noblesse, entre celle-ci et le tiers-état, entre le clergé et les autres ordres; le régime militaire, le système judiciaire, l'administration provinciale et municipale, ont éprouvé de perpétuelles vicissitudes; de sorte que si nous demandions à ceux qui réclament si vivement l'ancienne constitution du royaume, en quoi elle consistait, sur dix mille réponses, nous n'en pourrions pas obtenir deux qui fussent d'accord ou conciliables entre elles.

Et voilà pourquoi l'on aime bien mieux que les lois fondamentales ne soient point écrites. On sait à merveille que les traditions seront tout ce qu'on voudra, se fléchiront au gré de toutes les prétentions et de tous les caprices. S'il suffit de deux ou trois faits, d'un seul peut-être, pour établir un usage, il n'y a point de maxime, libérale ou servile, équitable ou tyrannique, qu'on ne puisse extraire de quelques pages de notre histoire, et proclamer fondamentale. Par la même raison, cet odieux terme de constitution, quand on ne peut éviter de l'employer, déplaît un peu moins au plurier qu'au singulier : une expression vague est bien plus commode qu'une expression précise; dès qu'il y a plusieurs constitutions, il est permis d'espérer qu'il n'y en aura bientôt plus du tout, et que seulement cet amas de débris constitutionnels, confusément renversés l'un sur l'autre, deviendra un utile arsenal où l'on pourra choisir des armes, les aiguiser ou les émousser à volonté. Mais ces réflexions qui se présentent d'elles-mêmes à l'esprit de tout usurpateur ou oppresseur, frappent non moins vivement l'intelligence des peuples, de ces peuples si éclairés aujourd'hui sur leurs intérêts, qu'il n'en reste presque plus un seul en Europe qui ne possède ou ne demande une constitution.

Renoncez donc aux argumens, aux doctrines : ne vous épuisez pas en instructions, n'espérez pas de convertir : frappez et opprimez, si vous pouvez. L'audace et la violence peuvent amener des rétrogradations rapides : une expérience récente a prouvé qu'on peut reculer, en douze ans, d'un espace immense. Qui sait si avec plus d'art encore, à l'aide de l'inquisition qui renaîtrait plus active et plus dévorante, à force de cours prévôtales et de tribunaux spéciaux, à force de supplices, de bannissemens et d'expropriations ; en régénérant la féodalité ; en dotant avec profusion un clergé innombrable, et des légions monacales anciennes et nouvelles ; en rétablissant surtout la société des jésuites ; en brûlant d'ailleurs tous les exemplaires de la plupart des livres et un nombre suffisant des hommes qui les ont lus ; en fermant ou en corrompant les sources de l'instruction, en altérant l'histoire ; en fabriquant des titres ; en abolissant l'imprimerie ou en réservant exclusivement l'usage de cet art aux autorités suprêmes ; en éteignant peu-à-peu toutes les lumières acquises ; en resserrant le commerce dans ses plus étroites limites, et en comprimant l'essor de toute industrie : qui sait, dis-je, si par un habile et vigoureux emploi de tous ces moyens, on ne réussirait point à rouvrir, pour les restes des générations actuelles et pour les générations futures, ces profonds abîmes où jadis les peuples perdirent si long-temps tout souvenir de leur dignité, tout sentiment de leur force et toute notion des garanties sociales ?

On a d'ailleurs bien assez de traditions sur ce régime : on connaît parfaitement les règles à suivre pour le maintenir.

La première est que la populace languisse dans une misère extrême ; qu'il ne s'accumule point de produits dans ses mains ; qu'elle demeure privée des jouissances qui rendraient de l'activité à ses facultés, du mouvement à ses idées, quelque énergie à ses affections. Il suffit d'obtenir d'elle les travaux dont ses maîtres ont besoin ; ses consommations doivent être restreintes à ce qu'il faut tout juste pour qu'elle ne soit pas hors d'état de pourvoir aux leurs.

La seconde règle est de repousser, de refouler successivement dans cette populace, le plus grand nombre possible d'habitans, de telle sorte qu'il n'y ait hors d'elle que ses oppresseurs, réduits au nombre précis où ils ont besoin d'être pour l'assujétir tout entière, les uns par la force et les autres par l'imposture; en employant d'ailleurs, pour la contenir et l'enchaîner, le service machinal d'individus pris dans son sein. Tout est à craindre d'une classe intermédiaire qui se formerait entre les hommes puissans et les misérables.

La troisième règle est d'interdire à tout le monde, et s'il se peut même aux personnages les plus éminens, toute étude un peu sérieuse de la nature et de la société, d'étendre l'empire des superstitions et des préjugés sur ceux mêmes qui les exploitent à leur profit, d'effacer les sciences morales et politiques du tableau des connaissances humaines, d'imposer silence à toutes les voix qui ne seraient pas les organes du pouvoir, les fidèles interprètes de ses oracles et des saines doctrines qu'il a consacrées.

Il importe de veiller particulièrement sur les études historiques, et d'en prévenir la dangereuse influence, en les dirigeant vers les recherches les plus oiseuses que faire se pourra.

Si l'on juge à propos qu'il y ait des savans, on décernera ce titre à ceux qui sauront vérifier des particularités indifférentes, découvrir ou expliquer à l'aventure des monumens inutiles, disserter sans fin sur toute minutie surannée qui ne touchera par aucun point aux destinées et aux intérêts des peuples.

Le despotisme se plaît quelquefois à favoriser les belles-lettres, parce qu'en effet elles commencent d'ordinaire par lui rendre des hommages qui semblent le fortifier; mais ce sont là des séductions qu'il doit craindre. Ces talens, dont les flatteries l'enivrent, finiront par répandre autour de lui trop de lumières: il ferait mieux de briser ce vase dont les bords sont emmiellés, mais au fond duquel la vérité fermente.

Le despotisme serait plus imprudent encore, s'il ne ramenait pas à l'innocence et à la crédulité de l'enfance les sciences physiques et mathématiques, dont les progrès ont une influence qui, pour être moins immédiate et moins sensible, n'en devient que plus périlleuse. Ces sciences troublent de trois manières le sommeil des peuples esclaves, et le repos des oppresseurs. D'abord elles dissipent trop de prestiges par l'observation des phénomènes, par l'examen des lois de la nature, par l'exposition du système entier du monde. Ensuite elles accoutument l'esprit humain à des recherches profondes et à des méthodes rigoureuses dont il ne manque pas de faire à d'autres objets une application téméraire. Enfin elles éclairent les arts, les dirigent, simplifient leurs procédés, multiplient leurs productions, leur ouvrent de nouvelles routes et des carrières sans bornes. La terre elle-même, quand les rayons de ces sciences ont lui trop long-temps sur elle, semble aussi, par son active fécondité, par la variété, l'ordre et la richesse de ses productions, s'affranchir du joug des préjugés et des caprices. En un mot, ce genre de connaissances, le plus hardi de tous, finit par mettre les sociétés dans un état aussi régulier que prospère, où les choses conspirent avec les hommes contre le pouvoir arbitraire.

Il résulte de ce chapitre : 1° qu'un système politique, où l'enthousiasme national sacrifierait tous les intérêts domestiques à l'intérêt ou plutôt à la gloire de l'état, paraît n'être plus à notre usage ; 2° qu'il est extrêmement périlleux de permettre des progrès aux arts et à la raison, quand on ne veut point accorder ni même reconnaître les garanties individuelles ; 3° que pour les refuser expressément, le seul régime bien efficace et bien sûr, s'il était encore praticable, serait celui où toutes les lumières sont éteintes, toutes les industries entravées, et l'espèce humaine retenue par son abrutissement dans la plus étroite et la plus dure servitude.

Cependant on a imaginé un autre système, qui consiste à proclamer solennellement ces garanties, mais à les rendre illusoires par des lois d'exception ou de circonstance ; ce sera l'objet du chapitre suivant.

CHAPITRE VII.

Des gouvernemens sous lesquels les garanties individuelles, quoique déclarées, demeurent fictives, étant perpétuellement annulées ou restreintes par des lois d'exception ou de circonstances.

L'hypothèse dont nous allons nous occuper est celle d'un peuple à qui des lois qualifiées fondamentales ou constitutionnelles ont promis toutes les garanties individuelles, mais que des lois provisoires qui se succèdent sans interruption, retiennent éternellement sous le joug du pouvoir arbitraire (1).

---

(1) On a fait en divers temps et en divers pays des essais de ce régime. Il ne s'est jamais mieux établi en France que depuis 1800 jusqu'au mois de mars 1814. Alors il ne restait des garanties sociales et du système représentatif, d'autres vestiges que leurs noms. Des commissions de la liberté individuelle et de la liberté de la presse, se renouvelaient périodiquement au sein d'un sénat, tandis qu'en effet il était devenu impossible de publier librement une seule ligne, et de

Tous les cultes sont tolérés, mais la législation, l'administration, la police, et la politique extérieure, sont calquées sur un seul, de sorte que les obligations religieuses qu'il impose à la conscience de ses sectateurs, s'étendent peu à peu aux actes civils et domestiques de ceux qui ne le professent pas. Ceux-ci même seront tellement réprouvés ou abandonnés par le gouvernement, qu'il laissera quelquefois impunis les attentats les plus criminels com-

---

résister un seul instant aux actes arbitraires. Ce sénat, et un prétendu corps législatif, donnaient à la volonté d'un seul homme l'apparence d'un vœu national, et à la nation entière l'exemple de la plus profonde servitude. On vit disparaître successivement toutes les institutions garantissantes, et se remonter, l'un après l'autre, tous les ressorts de la tyrannie. Quoique ce gouvernement ait commis d'épouvantables attentats, nous devons avouer que les persécutions ont été plus sanguinaires, les proscriptions plus vastes, en 1793 et 1794, ainsi qu'en 1815 et 1816; mais l'époque de 1800 à 1814 est celle où l'on a le plus avancé l'œuvre de l'asservissement général de la France et même de l'Europe, où l'on a le plus habilement travaillé à éteindre toute lumière dans les esprits, toute énergie dans les caractères, tout germe de liberté publique et d'indépendance personnelle.

mis contre leurs propriétés ou contre leurs personnes; et il dira cependant que les consciences sont libres !

Il a été déclaré que chacun jouirait du droit de publier et d'imprimer ses opinions ; mais le gouvernement se réservera les moyens d'empêcher la publication des opinions qui lui déplairont, et de poursuivre les auteurs qui professeront des doctrines qu'il ne trouvera pas saines; il s'attribuera la direction, la rédaction, presque la propriété des écrits périodiques ; il ſera plus : il établira ou maintiendra des régisseurs généraux de l'industrie typographique ; et il dira que la presse est libre !

Les propriétés sont reconnues inviolables; mais quelques-unes, publiquement et impunément menacées par des ministres d'état, par des ministres de la religion de l'état, perdront une partie de la faible valeur que leur laisseront les impôts exorbitans dont elles seront écrasées comme toutes les autres. Il sera défendu, non de les attaquer, mais de s'apercevoir qu'on les attaque; il se présentera peut-être des occasions où le gouvernement ne les trouvera point assez solides pour y attacher je ne sais quels titres; et pourtant il dira toujours qu'il ne met entre elles et les autres propriétés aucune différence!

Enfin la sûreté des personnes est solennellement consacrée : mais il arrivera des conjonctures où les ministres, les administrateurs, les agens supérieurs et subalternes du gouvernement, seront autorisés à porter la main sur les citoyens suspects à leurs yeux, et à les retenir dans les fers, sans les traduire en justice. Que sais-je! il pourrait arriver que des centaines, des milliers d'individus, militaires, jurisconsultes, hommes d'état, hommes de lettres, propriétaires, négocians, artistes, fussent bannis ou déportés à perpétuité, sans aucune sorte de jugement, et peut-être pour des faits, des opinions, des votes sur lesquels la loi fondamentale aurait expressément interdit toute recherche. Le gouvernement recherchera ces votes, comprendra s'il le faut, dans la même proscription, des votes opposés entre eux et contradictoires, poursuivra les proscrits audelà de ses frontières, voudra qu'ils ne trouvent aucun asile; et il continuera de se dire le garant de la sûreté de toutes les personnes!

S'il ne s'agissait ici que de quelques abus accidentels de la puissance, on pourrait les croire inévitables au milieu des mouvemens compliqués d'un vaste système d'administration. Ce qui est étrange, ce qui tient presque du prodige, c'est que les actes qui démentent textuellement la loi fondamentale, puissent porter eux-mêmes le nom de lois, et se revêtir de toute l'autorité dont ils la dépouillent. Une constitution n'est évidemment rien du tout, si ce n'est pas la loi de toutes les autres lois. Dès que celles-ci peuvent se soustraire à son empire, la restreindre, la transgresser, la suspendre, elle n'est plus qu'une fiction, qu'un mensonge. Entre toutes les lois, elle seule est inefficace, puisqu'elle ne peut rien contre les autres qui peuvent tout contre elle. On dirait qu'elle n'existe que pour recevoir des outrages, que pour rendre plus sensibles à chaque citoyen les attentats individuels qu'elle lui avait ordonné de ne plus craindre. Que signifie cette immutabilité qu'on ose lui attribuer encore? Une loi immuable est celle qu'on observe; et l'on commence à renverser une constitution du moment où l'on désobéit à quelqu'une de ses dispositions littérales. Ce qui contredit la lettre d'une loi constitutionnelle, n'est jamais conforme à son esprit; et l'on renverse son autorité si, dans les questions qu'elle a positivement résolues, on consulte autre chose que son texte.

Dans l'hypothèse dont nous parlons, il y a simultanément deux régimes opposés, l'un constitutionnel, l'autre révolutionnaire; car ce nom barbare est le seul qui convienne à des caprices suggérés par des circonstances mobiles. Le premier n'est que de simple apparat; il fournit des noms à quelques autorités, des intitulés à leurs actes, des formes ou formules à leurs déterminations. Le second imprime en effet les mouvemens, et bien qu'il se cache le plus qu'il peut, c'est lui seul qui se fait sentir. Si le cérémonial constitutionnel frappe encore quelquefois les regards, ce sont les volontés arbitraires qui régissent les actions, et qui pénètrent tout l'intérieur des hommes et des choses. Mais quoique les forces soient toujours inégales entre l'ordre et le désordre, quoique celui-ci ne puisse se perpétuer sans prévaloir, leur co-existence entraîne entre l'un et l'autre une lutte journalière et scandaleuse, qui, en laissant le premier sans puissance, laisse aussi le second sans crédit et même sans aveu. Ce qui reste du régime régulier suffit encore à déshonorer le pouvoir arbitraire, qui, en s'irritant de cet opprobre, s'y plonge de plus en plus.

Vous n'avez, quand ces deux régimes existent, qu'à observer de près ce qui se passe dans les administrations supérieures et subalternes, dans les conseils, les bureaux, les tribunaux; vous verrez partout bien plus d'hommes employés à préparer, exécuter, appliquer des lois d'exception, qu'à remplir des fonctions raisonnables. Lorsqu'il y a deux principes dans un gouvernement, c'est toujours le mauvais qui occupe et anime la plupart des agens de l'autorité. Les affaires dont le cours est réglé, si par hasard il s'en présente encore, sont sans intérêt à leurs yeux, et dédaigneusement renvoyées à des momens d'un plus grand loisir. Ils croient ne plus gouverner ni administrer, s'ils n'impriment ou ne reçoivent des secousses: ils redoutent l'ordre, non seulement comme ordre, mais comme ennui. Notez d'ailleurs qu'au moment où cesserait le régime arbitraire, la moitié des employés deviendrait superflue, et le gouvernement bien moins prodigue de salaires et de gratifications. Aussi devez-vous compter parmi les causes qui perpétuent ce régime, les intérêts qu'il satisfait, les cupidités qu'il alimente, par conséquent l'énorme surcroît de dépenses publiques qu'il exige; car la tyrannie et l'imposture sont fort chères. Dépouiller tout un peuple des garanties individuelles est un métier lucratif qui devient l'unique industrie, le seul savoir-faire des milliers de fonctionnaires et d'employés qui l'exercent.

Quant au gouvernement qui les soudoie, il n'y gagne assurément rien du tout. Ce double régime, loin de tourner à son profit, le retient dans une position fausse et périlleuse, le constitue dans un état habituel d'infidélité, le condamne à reproduire sans cesse de misérables sophismes, dont l'absurdité frappe les esprits les moins exercés, et l'expose alternativement, quelquefois simultanément, aux ressentimens et aux attaques de tous les partis frappés tour-à-tour de ces armes illégitimes, après s'en être tour-à-tour emparés. Prenant au sein des factions ses instrumens et ses victimes, le système arbitraire ou révolutionnaire ranime leur fanatisme, éternise leurs vengeances, nourrit les gouvernans comme les gouvernés de défiances, d'inquiétudes, d'appréhensions vagues, d'espérances chimériques, et les entraîne, à travers des mal-aises provisoires, aux plus déplorables catastrophes.

Les effets de ce régime sur l'ordre représentatif et sur l'ordre judiciaire méritent d'être particulièrement observés.

Pour rendre les garanties purement fictives, il faut de nécessité faire en sorte que la représentation nationale ne soit qu'un vain simulacre. On abolit donc les droits de cité; on désigne les électeurs, on les nomme d'office; on attache cette fonction à des faveurs arbitrairement distribuées. Tantôt on ne leur laisse que le droit de présenter des candidats entre lesquels des courtisans, réunis en corps, sont chargés de choisir ceux qui leur ressemblent le mieux; tantôt, si les électeurs doivent faire immédiatement des nominations définitives, on emploie tous les moyens d'intrigues, de corruption, de violence, pour qu'ils les fassent telles qu'on les veut, telles qu'on les a déterminées d'avance par des listes ministérielles. On obtient ainsi une prétendue assemblée représentative où le gouvernement seul est représenté; il l'est par ses plus chères créatures, par ses agens les plus affidés, nobles et privilégiés d'ancienne ou de nouvelle date, ministres, conseillers-d'état, administrateurs généraux et particuliers, présidens et conseillers de cour de justice, lieutenans, procureurs et avocats du prince. Aucun soin n'est omis pour que les gouvernés n'aient là, s'il se peut, personne qui les représente, personne dont les intérêts soient les leurs, personne qui puisse y porter leurs opinions, leurs sentimens, leurs votes. Là, quand le silence absolu n'est pas commandé, les accens de l'adulation se font seuls entendre en pleine liberté : si par hasard quelques voix s'élèvent pour invoquer les garanties promises, pour signaler de monstrueux abus, elles sont interrompues, couvertes par des clameurs, et bientôt même on refuse expressément d'entendre ce langage de la raison et de la patrie.

Veut-on faire semblant d'instituer des conseils d'administration locale ? On donnera ce nom à des commissions dont les membres seront directement nommés par l'autorité suprême, sans aucune participation des administrés, et qui, en exprimant les volontés qu'on leur aura dictées, ou celles que leur suggèreront les intérêts particuliers de leur caste, passeront pour avoir déclaré le vœu public d'une cité, d'un arrondissement, d'une province. Les jurés, si l'on ne parvient pas à éteindre cette institution incommode, si l'on est forcé d'en conserver au moins le nom, les jurés seront aussi des commissaires désignés par des intendans et des présidens, selon l'intérêt que les gouvernans prendront aux causes dont on aura, préalablement à ce choix, dressé le tableau. On abolira d'ailleurs le jury d'accusation ; et cependant l'on se défiera encore à tel point du vain simulacre d'un jury de jugement, qu'on lui soustraira la connaissance de la plupart des affaires criminelles, soit sous prétexte que les faits à vérifier ne sont que des délits qui n'entraînent pas des peines afflictives ou infamantes, soit parce qu'on aura créé, pour beaucoup de crimes, des tribunaux d'exception.

En effet on a besoin d'altérer tous les élémens, tous les ressorts de l'ordre judiciaire, quand on a résolu de réduire à des mots vides de sens les garanties qu'on a proclamées. Avant de tourner contre elles le ministère des juges ordinaires institués pour les défendre, on commence volontiers par créer des tribunaux révolutionnaires, des cours prévôtales, des cours spéciales permanentes, extraordinaires, ou autres, des conseils de guerre, des commissions militaires. Presque tous ces noms là du moins avertissent assez de ce qu'il faut attendre ; chacun sait de reste, que ce n'est point à protéger l'innocence, ni à affermir des garanties, qu'on emploie une telle justice. Les gouvernans se hâtent de s'en servir pour se débarrasser de leurs ennemis, ou de ceux qu'il leur a plu de déclarer tels: et lorsque le cours des vengeances est devenu si rapide, le nombre des victimes si exorbitant, l'iniquité si palpable et si révoltante, qu'ils en sont effrayés eux-mêmes, ils se déterminent, non sans regret, à briser quelques-uns de ces instrumens de proscription, et à les remplacer par des cours, tribunaux ou conseils, dont l'apparence soit plus régulière. L'une des idées dont ils s'avisent quelquefois est de donner des attributions judiciaires à un conseil d'état que la loi fondamentale ne reconnaît point, qui peut bien exister dans une monarchie absolue, mais qui n'a point de place dans un véritable système représentatif, parceque, n'étant ni responsable ni indépendant, remplissant à la fois et confondant des fonctions de toute espèce, législatives, ministérielles, administratives, et enfin judiciaires, il est réellement indéfinissable, et incompatible par sa nature avec une constitution proprement dite, comme il l'est par la dépense inutile qu'il entraîne et qu'il provoque, avec toute sage économie. Quand ce conseil est employé comme tribunal, c'est le gouvernement qui juge, et le plus souvent dans sa propre cause. Cependant, comme il est difficile de ne pas limiter cette juridiction aulique à certains genres d'affaires, les gouvernans ne croiraient pas juger assez, s'ils ne disposaient des tribunaux ordinaires ou constitutionnels; et pour que ceux-ci ne se montrent pas indociles, en se prévalant de leur inamovibilité, on s'applique à la rendre illusoire comme tout le reste. La nomination des juges ne sera donc que provisoire, tant qu'ils ne seront pas institués; et on ne les instituera qu'après avoir pris, pour les diriger, les éprouver, les épurer, un délai de plusieurs années. Avant l'expiration de ce délai, on fera dans l'organisation judiciaire quelque changement, d'ailleurs superflu ou nuisible, mais qui annulera les nominations précédemment faites, en autorisera de nouvelles, et reculera de plus en plus l'institution fatale. Après même qu'elle sera consommée, une réorganisation restera toujours possible, toujours annoncée, toujours l'objet des craintes et des espérances de chaque juge, toujours le motif de sa docilité, de sa complaisance: il n'oubliera jamais qu'il peut, dans cette hypothèse, se voir destitué avec ou sans pension, ou bien promu à un grade supérieur. Voilà comment les jugemens criminels, et même civils, auxquels les gouvernans prendront intérêt, n'émaneront, en dernière analyse, que d'eux-mêmes, comment ils subjugueront un pouvoir qui devait rester indépendant et impartial. Sans doute l'autorité souveraine doit avoir dans les tribunaux des officiers qui lui soient propres, qui soient en effet dignes d'elle par la décence et la gravité de leurs discours, qui jamais ne se croyent dispensés par leur charge d'obéir à leur conscience, ni autorisés à transformer une accusation publique en un tissu de sophismes décrédités, de fictions calomnieuses, d'observations satiriques ou d'imprécations violentes. Mais à côté, au-dessus même de ces organes du gouvernement, la loi a aussi les siens : ce sont les juges ; et tout vestige d'ordre et d'équité disparaîtrait d'un tribunal, si le premier des juges qui le composent se constituait, sans le moindre déguisement, la partie adverse des accusés ; s'il menaçait les défenseurs, s'il circonscrivait les défenses ; si, trouvant le secret d'être injuste même envers des coupables, il ne faisait dans tout le cours des débats que prononcer, avec l'accent de la colère et de la vengeance, l'arrêt qui les doit terminer. En vain de pareilles sentences se répéteraient par écho de degré en degré, dans plusieurs cours : l'opinion publique les réprouverait toutes d'une voix unanime et calme, que les juges seuls auraient le malheur de ne pas entendre ; parce que, ne prêtant l'oreille qu'à la voix des hommes dont ils dépendent, et de ceux qu'ils tiennent sous leur propre dépendance, ils s'entretiendraient dans des illusions de parti depuis long-temps dissipées au sein de la société entière. Il se prononce assurément beaucoup de sentences injustes sous le pur despotisme. Mais si quelqu'un écrivait jamais les annales des iniquités judiciaires, les époques qui fourniraient le plus de matériaux à cette horrible histoire, seraient encore celles où des gouvernemens infidèles rendaient illusoires les garanties qu'ils avaient promises. Ce régime, quelque couleur et quelque direction qu'il prenne, qu'il soit démagogique ou dictatorial, révolutionnaire ou réactionnaire, est, par son essence, celui du mensonge, de l'effronterie, et de la cruauté : c'est alors que, sans aucune exception, toutes les questions se décident, non par l'examen des faits, mais par l'idée qu'on a des sentimens politiques de chaque prévenu ; et tandis que les forfaits les plus avérés demeurent impunis, dès qu'ils sont censés commis pour la cause qualifiée bonne, les opinions contraires à celles des gouvernans sont des crimes irrémissibles. Les procès d'état se multiplient sans mesure, plus arbitraires, plus irréguliers que sous la monarchie absolue; et l'on est tenté de regretter les procédures secrètes, qui couvraient au moins tant de scandales.

Il n'est jamais difficile de prévoir comment doit finir le régime frauduleux dont nous parlons: il faut qu'il aboutisse ou à la destruction radicale des garanties, ou à des troubles qui d'ordinaire ne les rendent point. Ce qui doit étonner, c'est qu'il puisse s'établir, c'est qu'un peuple, assez éclairé pour réclamer des droits individuels, et assez fort pour obtenir qu'on les reconnaisse, porte l'irréflexion et l'insouciance jusqu'à souffrir qu'on les réduise à des illusions puériles. Mais qui ne connaît l'empire que les mots, les formules, les apparences commencent toujours par exercer? Des articles constitutionnels où ces droits sont proclamés, des corps institués pour les défendre, un sénat, un tribunat, des députés, des électeurs, des jurés, des juges dits inamovibles, l'appareil, enfin, d'un système représentatif, frappe tous les regards, tranquillise les esprits, et décrédite les premières alarmes du petit nombre de citoyens qu'il n'a pu séduire. L'espace de temps dont l'opinion publique a besoin pour se former, est employé au développement de tous les moyens d'usurpation et d'imposture, à corrompre les hommes qui restent chargés de fonctions publiques, à priver les autres de toute influence, à établir dans les différentes classes de la société, les habitudes et les mœurs qui conviennent à un tel gouvernement, jusqu'à ce que ses excès, et, ce qui est pis, ses imprudences, amènent des revers qui l'ébranlent et des orages qui le déracinent. Sa chute est rapide, parce que les premiers symptômes qui l'annoncent dissipent les illusions, et rendent à l'opinion publique ses lumières, sa liberté, sa puissance. On rougit d'avoir appelé l'impudence énergie, et le charlatanisme habileté; de n'avoir longtemps osé dire ce qu'on en pensait, et de s'être laissé prendre à des pièges réellement découverts.

Nul ne fait moins de progrès dans l'art de gouverner que celui qui l'exerce arbitrairement : le moyen de devenir un joueur habile n'est pas de s'accoutumer à tricher ; toute fraude vient d'impéritie. Cependant vous verrez des hommes d'état contracter à tel point le besoin des fraudes politiques, je veux dire des lois d'exception et des actes arbitraires, qu'ils finiront par se persuader de bonne foi qu'il est impossible de gouverner autrement. Ils n'envisagent qu'avec effroi l'instant où ils manqueraient de ces moyens extraordinaires dont ils usent tous les jours. Ils réclament le maintien du régime inconstitutionnel, moins pour faire du mal que pour être en état de faire quelque chose : renonçant au désordre, ils se croiraient condamnés à l'inaction ; un gouvernement régulier n'est, à leurs yeux, qu'un gouvernement désarmé. Bientôt même, ils s'applaudissent d'avoir conçu une idée si transcendante de la nature de leurs fonctions, et prennent en pitié les esprits vulgaires qui persévèrent à conseiller la franchise, l'ordre, la justice. Ils rougiraient de redescendre dans la sphère des hommes à principes, des spéculateurs sans expérience, des partisans de théories abstraites. A leur dire, le respect pour les maximes constitutionnelles est le symptôme d'une intelligence étroite, d'une extrême inaptitude aux fonctions publiques : et à force de leur entendre prononcer cette sentence, bien des gens, imbus encore des maximes loyales, s'efforcent d'y renoncer, de peur de passer pour inhabiles.

Sans contredit la politique est une science expérimentale, et il est absurde d'y ériger en principe ce que l'expérience contredit. Une théorie est le système ou l'ensemble des règles d'un art : si ces règles sont impraticables, ou si elles n'aboutissent qu'à une pratique vicieuse, elles ne composent qu'une fort mauvaise théorie, ou plutôt ce n'est point là, à proprement parler, une théorie. L'expérience doit donc être ici le seul guide, l'unique maître ; mais où sont, je vous prie, les faits qui montrent l'utilité, la nécessité des lois d'exception et des mesures arbitraires ? Quels résultats ont-elles jamais amenés, sinon des injustices et des infortunes particulières, des troubles publics, des dissensions, des révolutions, des détrônemens, des calamités ? Quelle couronne ont-elles affermie ? quel peuple ont-elles rendu sage, heureux, tranquille ? Au moins l'absolu despotisme peut se vanter de quelque succès ; on l'a vu en certains pays, à certaines époques, se maintenir assez long-temps calme et solide. Mais ce bizarre amalgame de lois fondamentales et de caprices révolutionnaires, à qui donc a-t-il jamais réussi? quelle page de l'histoire dépose en son honneur? quel triomphe a-t-il obtenu, qui n'ait été incertain et bientôt expié par des malheurs? quand n'a-t-il pas perdu ce qu'il prétendait sauver? quelle nation n'a-t-il pas conduite à la servitude ou à l'anarchie? Et vous voulez que nous admirions votre sagesse profonde, parce que, plus téméraires que vos prédécesseurs, vous recueillez leurs traditions sans être effrayés de leur chute: parce que, dédaignant toutes les leçons, et méprisant tous les exemples, vous vous élevez dans des régions orageuses où toutes les chances sont contre vous! Ah! je conviens que le devoir de remplir ses promesses, d'être fidèle à ses engagemens, est une notion bien vulgaire, et qui n'a rien du tout de transcendant: elle résulte immédiatement du sens des mots et de la nature des choses; mais elle n'en est pas moins un conseil de l'expérience, un résultat de toutes les observations positives. De grâce, pourquoi pensez-vous qu'il n'y ait de clairvoyance et d'habileté que dans la mauvaise foi et qu'en des pratiques frauduleuses? De quel droit assurez-vous que tant de sages, qui dans le cours des siècles précédens ont appliqué la morale à la politique, n'étaient que des rêveurs oisifs qui n'avaient rien essayé, rien observé, rien recueilli? Ils ont connu avant nous et mieux que nous le danger des spéculations abstraites ; mais ils avaient étudié le cœur humain, approfondi l'histoire des sociétés, suivi de près le cours des affaires politiques de leur temps, recherché les causes et les effets des révolutions antérieures. S'ils nous ont dit qu'il est aussi périlleux que honteux de violer les lois fondamentales qu'on vient d'établir, ce n'est pas leur faute; c'est un résultat qu'ils ont trouvé, qu'ils n'ont point inventé, et que vous confirmerez tôt ou tard par de nouveaux exemples si vous persistez à vous croire trop éclairés pour le mettre à profit.

Mais, dites-vous, les circonstances! Quoi! ce refrain suranné aurait encore quelque crédit! Quand, au nom du peuple et de sa liberté, d'insensés démagogues règnent par la terreur, et couvrent tout un pays de sang et de cendres, ils disent que cet épouvantable brigandage est exigé par les circonstances! Quand un usurpateur réduit toutes les institutions à de vains simulacres, tous les droits aux faveurs qu'il dispense, et toutes les lois à ses volontés propres, il prétend qu'il n'y a pas d'autres moyens de pourvoir aux besoins des circonstances. Quand des factions redevenues puissantes signalent leurs triomphes par les représailles de toutes les injustices qu'elles ont endurées, quand elles imitent de point en point les artifices, les infidélités, les violences dont elles se sont plaintes, elles font semblant d'obéir, en se vengeant, à la nécessité des circonstances. Toujours donc des circonstances, pour qu'il n'y ait jamais de constitution, jamais de garanties pour personne! Oui, certes! les circonstances demeurent ou deviennent critiques, toutes les fois qu'une constitution est aux prises avec un régime inconstitutionnel, et tant que les sûretés promises par les lois fondamentales sont démenties et annulées par des lois révolutionnaires. L'obstination à ne pas sortir de ce système irrégulier, est au fond la seule circonstance périlleuse; tous les autres dangers découlent de celui-là : vous employez comme remède le principe même du mal; c'est votre médecine qui a créé et qui entretient la maladie. N'est-il pas sensible que le refus des bienfaits solennellement octroyés, doit prolonger l'agitation des esprits, l'animosité des mécontens, les manœuvres des malveillans, les craintes et les espérances des factions? Le bon sens ne dit-il pas qu'il ne faut compter ni sur l'affection des partis qu'on menace, ni sur la fidélité de celui dont on ne seconde qu'à moitié les prétentions et les efforts? Ne devient-il pas clair pour tout le monde que ces mesures arbitraires sont des essais d'une tyrannie timide encore, des préparatifs de subversion, des rétractations artificieuses et graduelles de toutes les promesses que l'on a faites? Qui ne sait que les lois régulières, les actes réguliers des pouvoirs publics, suffiraient pleinement à la répression de toute entreprise réelle contre un gouvernement établi; que les seuls coups redoutables à la rebellion et profitables à l'autorité, sont ceux que la justice frappe d'une main sage et réglée; que les proscriptions ébranlent les proscripteurs bien plus qu'elles n'accablent les proscrits; qu'elles laissent à ceux-ci de l'espoir et du ressort tant qu'ils vivent, du renom, du crédit et des vengeurs quand ils ne sont plus? Encore une fois, ce ne sont pas là des abstractions, des spéculations des principes; ce sont des documens fournis, à toute époque, par trop d'expériences.

Cependant plus le régime arbitraire a duré, plus ceux qui l'ont entretenu craignent de s'en priver. Une longue absence de la liberté leur fait appréhender son brusque retour comme un péril extrême ; et cette frayeur, de jour en jour plus vive, les fait avancer à grands pas dans une route obscure et tortueuse qui n'a que deux issues, l'abîme du despotisme, ou l'abîme d'une révolution. Ils vont disant que les circonstances sont graves, et le disant avec raison, puisqu'en effet ils les rendent telles par les lois d'exception qu'ils accumulent. Mais cet état si alarmant pour la nation entière, et pour ceux qui la gouvernent, cesserait sans nul doute, si le régime imprudent qui en est la cause unique venait à disparaître tout-à-coup, ou du moins à s'éteindre par degrés.

Les hommes peuvent se résigner à souffrir le despotisme absolu, quand il est si fermement établi qu'il n'y aurait, en y résistant, d'autre chance à courir que d'en aggraver le joug. Iront-ils se briser la tête contre les murs et les barreaux de leurs prisons? D'ailleurs un long et profond esclavage éteint en eux toute lumière, toute activité, et leur fait perdre jusqu'à l'idée d'une meilleure manière d'être ; ils regardent comme inflexible la destinée qu'ils subissent en ce monde ; et leurs espérances, s'ils sont en état d'en concevoir encore, se portent vers une autre vie. Une telle tyrannie n'a plus rien du tout à craindre de ses victimes : les causes de sa destruction n'existent plus qu'en elle-même ou dans ses rivales. Elle succombera un jour, affaiblie par ses propres excès, ou accablée par des voisines plus puissantes qu'elle. Mais un peuple qui a compris en quoi les garanties individuelles consistent, à qui même on les a promises, à qui l'on continue de les promettre, n'y renonce pas volontiers. J'avoue qu'à force de les restreindre par des lois d'exception, on parvient quelquefois à l'en dépouiller tout à fait : voilà, je le sais bien, la fin dernière de ces lois, et le seul aspect sous lequel on puisse les trouver bonnes à quelque chose. Mais si elles n'atteignent pas ce but en fort peu de temps, elles le manquent : pour une telle œuvre, tous les moyens de séduction, de corruption et de terreur, doivent être combinés avec une habileté peu commune, et employés avec une rapidité qui permette à peine à ce peuple de saisir les détails de tant d'illusions, et de sentir les progrès de la métamorphose qu'elles lui font subir. Passé deux ou trois ans, les succès qu'on n'a point obtenus par l'imposture et l'effronterie sont à peu près désespérés : et l'on a besoin, pour consommer l'asservissement général, de courir les hasards des mesures les plus violentes, de tenter de brusques entreprises, et d'opérer des catastrophes soudaines.

De plus longs développemens ne nous paraissent pas nécessaires pour montrer quels effets produisent sur les particuliers, sur les gouvernemens, sur l'autorité suprême, sur tout l'état, les lois de circonstances et les mesures arbitraires qui démentent les promesses d'une loi fondamentale.

D'abord elles plongent et retiennent les citoyens dans le plus grand mal-aise politique qu'il soit possible d'imaginer : car elles les trouvent éminemment sensibles à toutes leurs atteintes, et disposés à considérer comme autant d'iniquités, tous les maux dont elles les accablent chaque jour. Nous supportons les fléaux naturels, parce que nous savons que le cours et l'ordre même des choses les amène inévitablement ; la nature ne s'est point engagée à nous les épargner. Après avoir fait usage, pour nous en préserver, des moyens qu'elle a mis en notre pouvoir, la patience est encore une ressource quand ils nous frappent. Cette résignation qui honore et console les infortunés.

parce qu'elle leur donne le sentiment des forces morales qui leur restent, un sage pourrait l'avoir aussi sous le joug fatal et inflexible de la tyrannie toute-puissante. Mais lorsque nous promettant toujours de veiller à la sûreté de nos propriétés et de nos personnes, au maintien de nos libertés, vous ne cessez vous-mêmes d'y porter atteinte par des exceptions quotidiennes à vos lois immuables, nous ne savons plus où trouver des motifs de patience, et notre raison, loin de tempérer notre sensibilité, ne sert qu'à l'aigrir.

En second lieu, le régime arbitraire déprave et tourmente les gouvernans. En effet, ou bien, en violant la loi fondamentale, ils tendent réellement à la renverser, ce qui serait le comble de la mauvaise foi, bien plus qu'un indice d'habileté ; ou bien, ils ne s'avouent pas cette intention à eux-mêmes, et alors j'ose dire qu'ils n'en ont aucune dont ils puissent se rendre compte. Ils errent, sans boussole, au gré de ces conjonctures dont ils nous parlent sans cesse, et n'ont en effet que des caprices aussi variables que les occasions qui les leur suggèrent. De tels ministres, quelque répréhensibles qu'on les trouve, sont encore bien plus à plaindre. Aux soucis inséparables de l'exercice d'un grand pouvoir, la mobilité de leurs intérêts et de leurs passions ajoute des anxiétés bien plus cuisantes. Observés de près, l'un après l'autre, dans tout le cours de ce régime, à demi constitutionnel, à demi révolutionnaire, ils n'offrent, comme lui, que des symptômes d'inquiétude et de souffrances ; leurs jours se flétrissent et se consument à travers tant de vicissitudes et de crises : ni le faste, ni l'opulence, ni les plaisirs, ni le travail même, n'adoucissent l'amertume des chagrins dont les abreuve chaque irrégularité nouvelle.

Troisièmement, ce régime nuit à l'autorité souveraine. Sans lui, les sentimens de confiance, de respect, d'amour, qu'inspire une loi fondamentale qui a promis les garanties individuelles, environneraient toujours le trône, consacreraient surtout la puissance d'un prince dont cette loi serait l'ouvrage, et qui aurait signalé son avènement par un tel bienfait. Nul n'est plus intéressé que lui à ce qu'elle se maintienne inviolable. Il recevrait le contre-coup de toutes les atteintes qu'elle subirait. Non, il ne saurait avoir d'ennemis plus perfides, ou, si l'on veut, d'amis plus imprudens que ceux qui oseraient la modifier, la tourmenter sans cesse, la subordonner aux fantaisies et aux météores de chaque journée : à la longue, ces fluctuations ébranleraient le trône le plus solide, celui même qui n'aurait encore jamais vacillé, puisqu'elles déplaceraient perpétuellement les bases sur lesquelles il doit reposer. Où sont les nouveaux soutiens que lui donneront des lois d'exception, quand elles lui ravissent le plus sacré de tous, celui qu'il avait acquis en confondant ses intérêts avec ceux de tous les citoyens, ses garanties avec les leurs ?

Enfin, dans le système que nous achevons d'examiner, l'état se divise au moins en trois partis fort distincts. Le premier, si toutefois on peut considérer comme un parti le corps entier d'une nation, veut la loi fondamentale. Le second, composé des ministres, de leurs agens, de leurs créatures, veut des lois d'exception. Le troisième, formé de corporations jadis privilégiées, veut, à tout prix, ressusciter des institutions gothiques, dont tous les ressorts sont brisés, dont le souvenir est presque aboli : on le voit flotter entre les lois constitutionnelles et les lois de circonstances, réprouver et invoquer tantôt les unes, tantôt les autres, selon qu'il les croit nuisibles ou utiles à ses vains projets. Ce serait déjà bien assez de ces trois partis immédiatement visibles ; mais il n'est jamais sûr qu'il n'en existe pas quelques autres : chacune de ces trois couleurs, si tranchantes, peut cacher d'autres intérêts et plus d'une entreprise particulière. Tant qu'il y a des lois d'exception, il reste probable que les anciennes factions qui ne se montrent plus, subsistent et agissent encore. On n'obtient de sécurité contre elles que par l'empire absolu et inflexible de la loi fondamentale. Cet empire peut seul désarmer tous les partis, y compris celui qui le réclame. Mais en attendant, tout languit dans l'état, tout se décolore, et s'altère. Des actes arbitraires, des intrigues politiques, des craintes et des prévoyances de toute espèce, ralentissent le cours des affaires privées, diminuent le nombre des productions, des transactions, des échanges ; rétrécissent les sources de la richesse nationale. La force publique se décompose, et l'indépendance de l'état demeure sans garantie.

Il y a deux manières de compromettre cette indépendance : l'une est d'abuser d'une grande force, pour commettre au-dehors des injustices révoltantes qui ne peuvent rester impunies ; l'autre est de perpétuer au-dedans un régime irrégulier, capricieux, tellement indécis, qu'au-dedans et au-dehors chacun le croit purement provisoire. Plus qu'aucun autre fléau, le régime arbitraire lutte contre la vigueur naturelle du corps politique, qui d'elle-même fermerait en peu de mois les plaies les plus profondes ; il prolonge les revers, laisse le pays et le peuple qu'il afflige, à la merci des amis ou ennemis extérieurs de l'état ; autorise, invite les étrangers à prévoir quelque explosion nouvelle des discordes intestines qu'il entretient, justifie leurs défiances, leurs inquiétudes, peut-être leurs exactions. Une grande nation, pour conserver ou recouvrer son indépendance, n'a jamais besoin que d'être juste et libre ; mais il n'est point d'agression que n'ait à redouter un peuple sur lequel on étend à la fois le simulacre d'une constitution garantissante, et la main vagabonde du pouvoir arbitraire.

Concluons que le pur et plein despotisme qui refuse expressément toutes les garanties individuelles, est au fond moins déraisonnable, moins téméraire, quelquefois aussi moins dur et moins désastreux, que le régime infidèle qui les promet et les ravit, les proclame et les méconnaît, les déclare immuables pour les violer chaque jour. Mais le seul système sage et sûr, quoiqu'il soit le moins usité, est de les accorder réellement, et de les maintenir de bonne foi.

CHAPITRE VIII.

Des gouvernemens qui donnent réellement les garanties individuelles.

Le mot *gouvernement* a été, comme bien d'autres, employé dans des sens très-divers. Tantôt il ne désigne que le pouvoir chargé de l'exécution des lois; tantôt il embrasse tous les pouvoirs supérieurs, concentrés ou divisés, exercés par une seule personne ou par plusieurs; tantôt, enfin, il devient presque synonyme du mot *constitution*, et s'applique non à l'exercice des pouvoirs, mais au système de leur organisation. N'ayant ici nul besoin de le définir avec une précision rigoureuse, nous lui laisserons la signification la plus étendue : il représentera la puissance suprême, en tant qu'elle se compose et de la loi fondamentale de l'état, et des lois particulières, et des volontés quelconques qui font, exécutent, et appliquent toutes ces lois. Si, comme le suppose le titre de ce chapitre, cette puissance suprême donne les garanties individuelles et les rend inviolables, il n'est pas nécessaire de s'enquérir d'où elle vient, comment elle s'est établie, formée, construite, organisée. L'effet étant si bon, la cause, quelle qu'elle soit, est excellente ; le but de la société est rempli. L'absence ou l'imperfection de ces garanties est la seule critique raisonnable à faire d'un gouvernement ; et celui qui échappe à ce reproche, n'en peut mériter aucun qui soit de quelque importance.

Mais pour qu'un système politique atteigne ce but, n'y a-t-il pas certains élémens, certaines combinaisons qu'il doit indispensablement offrir ? Oui, sans doute, et nous avons déjà remarqué trois institutions sans lesquelles il paraît impossible qu'il existe. La première est celle du jury, c'est-à-dire, l'intervention de citoyens appelés, comme personnes privées, à vérifier les faits qui constituent des délits ou des crimes. La seconde consiste dans l'inamovibilité et la parfaite indépendance des juges ; la troisième, dans une assemblée de représentans dont le consentement soit nécessaire à l'établissement de tout impôt, à l'ouverture de tout emprunt, à la promulgation de toute loi nouvelle. Mais cette troisième institution en présuppose une autre, savoir, l'élection libre, régulière, et périodique, des représentans par tous les véritables actionnaires de la société.

Les conditions requises pour l'exercice du droit de cité sont à déterminer d'après des circonstances propres à chaque pays et à chaque population. Mais les modes et les procédés des élections étant une fois réglés pour plusieurs années, par la loi, l'influence quelconque que les ministres du pouvoir suprême prétendraient exercer sur le choix des représentans, détruirait immédiatement toutes les garanties individuelles. En effet, il s'agit d'une chambre à former dans l'intérêt des gouvernés, point du tout dans celui des gouvernans, si ceux-ci ont le malheur d'en avoir un qui leur soit propre. Or, ils ont, et ils annoncent qu'ils ont quelque intérêt anti-national, dès qu'ils se mêlent des élections publiques : tout est dit lorsque leurs intrigues ont du succès, on est sorti de l'hypothèse à laquelle nous avons consacré ce chapitre ; il n'y a plus rien d'inviolable ; les électeurs qui ont bien voulu subir cette influence ministérielle méritent tous les maux qui ne manquent pas de leur en advenir.

En rentrant dans notre hypothèse, nous avons à considérer, 1° l'assemblée ou chambre nationale représentative; 2° les autres assemblées ou personnes publiques à qui le caractère représentatif peut aussi appartenir; 3° les agens ou fonctionnaires responsables; 4° les gouvernés et représentés qui ne sont ni agens ni représentans.

I. Examiner les projets de loi dans leurs rapports avec les garanties individuelles, voilà l'attribution principale de l'assemblée législative qui représente la nation entière; et il pourrait même se faire que cette attribution fût strictement l'unique. Dans une monarchie, il est à désirer que cette chambre se montre fort peu jalouse d'exercer aucune initiative, et qu'elle n'accueille qu'avec infiniment de réserve les propositions nées dans son sein. Si, au lieu d'approuver ou de rejeter les projets que le gouvernement lui présente, elle se plaisait à les modifier, si elle délibérait sur des amendemens, sur des articles additionnels que n'aurait point expressément adoptés le pouvoir au nom duquel ces projets lui sont apportés, on ne devrait attendre d'elle que de bien mauvaises lois, et de bien médiocres services en ce qui concerne les garanties, objet essentiel de son institution.

Je crois aussi que l'examen des pétitions

qui lui seraient adressées de toutes parts pourrait la distraire fort dangereusement de ses travaux ; excepté pourtant dans les cas de quelque atteinte grave et manifeste au droit d'élection, à la liberté des consciences ou de la presse à l'exercice d'une industrie, à la sûreté des propriétés et surtout des personnes. Dans ces cas même, c'est bien moins l'intérêt particulier d'un pétitionnaire, que l'intérêt social généralement considéré, qui doit provoquer et diriger la sollicitude de cette assemblée. Quant aux détails d'administration qui ne touchent point immédiatement à ces garanties sacrées, il est évident qu'il ne lui appartient, en aucune manière, de s'en occuper.

La qualification de représentans n'étant ici que collective, il est fort abusif de l'appliquer singulièrement à chacun des membres de l'assemblée ; et il s'ensuivrait surtout un désordre extrême, si chacun d'eux venait à se considérer comme un solliciteur d'affaires locales ou personnelles. Quelque utiles, quelque honorables que puissent être ces démarches considérées dans toutes leurs circonstances et dans tous leurs résultats, toujours est-il fâcheux que ce soit en qualité de député qu'on se porte à rendre de pareils services : on s'expose au moins, en faisant ainsi quelque bien particulier, à perdre la faculté de coopérer, avec une pleine indépendance, au bien général, c'est-à-dire au maintien des garanties communes, qui est, je le répète, le principal ou l'unique but de cette mission.

Quoiqu'il puisse paraître indifférent de dire qu'une assemblée représentative fait partie ou ne fait pas partie d'un gouvernement, il est beaucoup plus exact de l'en distinguer : elle en est la limite extérieure, elle tient la place de tous les gouvernés; et si elle est organisée de telle sorte qu'elle les représente en effet, non-seulement elle épouse leurs intérêts *communs*, mais ces intérêts sont les siens propres. Elle ne gouverne point, n'empêche point de gouverner, elle empêche d'opprimer. Par l'hypothèse, les garanties existent et ne sont pas violées encore. Comment le seront-elles? ce ne sera ni par des lois, puisque la chambre des représentans y mettrait obstacle: ni par d'autres actes arbitraires, puisque rien, dans les lois, ne les autoriserait; puisqu'il y aurait des jurés et des juges indépendans; puisqu'enfin, si besoin était, l'assemblée représentative refuserait l'impôt à un gouvernement qui voudrait devenir oppresseur; qui, par exemple, ne lui donnerait pas satisfaction entière, relativement aux pétitions qu'elle aurait jugées dignes d'une attention sérieuse.

Je ne prétends point assurément qu'il n'y ait pas beaucoup d'autres observations à faire sur la manière la plus heureuse d'établir, de combiner, et d'animer les pouvoirs politiques : ces questions ne sont pas de mon sujet. Mais je suis persuadé que, par le concours des conditions qui viennent d'être exposées, les garanties individuelles demeureraient intactes, et que, ce point obtenu, on aurait un gouvernement déjà si bon, qu'il y aurait de la folie à ne pas le soutenir, et qu'il serait même difficile, peut-être impossible de l'ébranler.

Les seuls abus essentiels et tenaces, sont ceux qui compromettent les propriétés, la sûreté et la liberté des personnes. Tous les autres sont des imperfections plus ou moins inséparables des choses humaines, et que d'ailleurs un gouvernement n'a aucun intérêt à perpétuer, quand il n'en prend point à violer les garanties. C'est de lui, plus que d'ailleurs, qu'on peut espérer l'amélioration de tous les détails dont se composent les lois et l'administration : lui seul peut bien sentir et apprécier ce qui manque, ce qui est superflu, ce qui retarde, ce qui embarrasse. Sur de tels points, son expérience est la plus vive et la plus sûre des lumières. Toutes les notions relatives à ce qui ne se fait point assez bien, et aux moyens de mieux faire, il les possède ou les appelle à lui dès qu'il lui plaît. Pourvu qu'il ne dispose pas des affaires privées, les affaires publiques sont les siennes, et il ne peut trop en rester l'unique maître. Tout consiste dans la distinction de ces deux genres d'affaires. Si le gouvernement attente à l'indépendance des premières, il y a despotisme : s'il ne régit pas pleinement les secondes, il y a commencement d'anarchie. Il faut que chacun soit maître chez soi, et que le gouvernement le soit dans l'état. Hors le cas de la violation des garanties, tout provocateur ardent de réformes politiques, de modifications aux lois qui concernent les élections publiques et qui règlent l'exercice des droits de cité : de changemens dans la nature, la distribution, et les dépositaires du pouvoir, est, à coup sûr, un ambitieux, ou l'organe, le complice, ou l'instrument passif de quelque faction. Si ses concitoyens ont l'imprudence de le seconder, il va les ramener, à travers les désordres et les désastres, à la servitude.

Mais j'ose croire que, dans l'hypothèse sur laquelle je raisonne, les ambitieux les plus turbulens et les plus habiles ne parviendraient à exciter aucun mouvement rapide; et que, tandis qu'ils se consumeraient en efforts pour associer le public à leur cause, le gouvernement aurait tout le temps de les réprimer. Pour émouvoir, agiter une nation, il a toujours fallu qu'elle eût quelque réel sujet de plainte. Quand les intérêts particuliers sont pleinement assurés, on est peu disposé à croire qu'il y ait un intérêt public qui périclite. Qui veut égarer les hommes, doit commencer par leur dire ce qu'ils sentent et disent eux-mêmes: l'imposture a besoin de trouver des points d'appui dans les pensées et les sentimens de ceux qu'elle entreprend de séduire, et le succès n'est promis au mensonge que lorsqu'il peut se faire précéder par quelques vérités.

Partout donc où l'on voit subsister des factions, des partis, des sectes politiques, une opposition constante, il y a lieu de croire qu'il reste des garanties individuelles à établir ou à raffermir, qu'on n'en jouit pas, ou qu'on est menacé de les perdre, ce qui est presque les avoir déjà perdues. Si elles existaient réellement, des dissentimens habituels, des contradictions perpétuelles, ne tendraient qu'à les anéantir tôt ou tard. Un gouvernement qui n'opprime personne peut bien commettre encore des erreurs ; mais que ses actes et ses projets aient toujours les mêmes partisans, toujours les mêmes censeurs, ce n'est point là le cours naturel des choses ; une telle régularité est, à mon avis, un désordre extrême. Des hommes publics ou privés, résolus d'avance à contredire en tout point le pouvoir, sont infailliblement ou les ennemis de la tranquillité de l'état, ou des ambitieux ligués contre des ministres auxquels ils sont impatiens de succéder, ou de misérables intrigans qui mendient des emplois par des menaces, et demandent des grâces à main armée. Quand on préconise cet étrange système comme l'une des garanties sociales, c'est qu'on manque plus ou moins de celles qui le rendraient ridicule ou même impossible.

Mais, dira-t-on, il ne suffit point d'avoir obtenu les garanties personnelles ; il faut veiller à leur maintien. D'accord, et si l'opposition ne consiste qu'à les préserver des atteintes dont elles viendraient à être menacées, on ne la peut trop encourager. Je dirai seulement que s'il y a lieu de combattre sans cesse pour elles, cette hypothèse n'est point celle où, pleinement établies, elles se conservent surtout par l'usage que chacun en fait chaque jour pour son propre compte. On a imaginé beaucoup d'institutions pour imposer aux peuples des habitudes et des mœurs étrangères ou contraires aux intérêts de l'industrie privée et de la vie domestique : lorsqu'on ne songera plus qu'à garantir ces intérêts et non à les diriger, le problème deviendra beaucoup plus simple, et l'on reconnaîtra probablement qu'il y a plusieurs manières de le résoudre. Trois conditions sont à remplir : déclarer les garanties individuelles, établir des moyens efficaces de les défendre, et faire en sorte que ceux à qui ces moyens seront confiés, aient toujours la volonté de les employer à cet usage. Presque toutes les constitutions qui ont été faites depuis 1789 ont satisfait à la première de ces conditions, et même aussi à la seconde. Quant à la troisième, il y a lieu de penser qu'elle ne saurait être pleinement assurée par aucune sorte de combinaisons politiques et de dispositions législatives. Elle suppose un très-bon choix de représentans, et ce choix dépend des lumières publiques, de l'état des opinions politiques et des sentimens sociaux. Si l'assemblée représentative est tellement composée qu'elle consente à la violation des garanties, ou qu'elle veuille exercer un autre pouvoir que celui de les maintenir, on sortira infailliblement de l'ordre constitutionnel; or, toutes les manières d'en sortir sont funestes.

Le principal corps de représentans consiste sans doute dans l'assemblée ou chambre nationale qui consent ou s'oppose aux projets d'emprunts, d'impôts et de lois; mais les membres de cette assemblée ne sont pas les seuls à qui le caractère représentatif appartienne. C'est ce qui résultera, je crois, des observations qui vont suivre.

II. Des commis, des mandataires, ou procureurs, ou délégués, ne représentent point ceux dont ils font les affaires: ils sont tenus de se conformer aux instructions, aux ordres qu'ils ont reçus; leurs opinions et leurs volontés ne sont pas censées être, de plein droit, celles des personnes dont ils ont à stipuler les intérêts: tout au contraire, le caractère essentiel des représentans est de n'avoir ni mandat ni responsabilité; on les doit supposer tellement désignés ou choisis, qu'ils aient en effet par eux-mêmes, et de leur propre fonds, les intérêts, les opinions, les volontés des représentés : or, telle pourra être, même hors de la chambre législative, la condition de différens ordres d'hommes publics.

D'abord, si les membres de cette chambre n'ont pas été élus immédiatement par tous les actionnaires de la société, les électeurs nommés ou désignés pour les choisir ont exercé cette fonction comme représentans.

Le même nom s'appliquerait aussi à des membres d'assemblées provinciales ou municipales, qui ne seraient chargés d'aucun acte administratif proprement dit, mais qu'on aurait établis pour exprimer des opinions sur les besoins d'une province ou d'une commune, sur la manière dont elle est ou devrait être administrée. Quant aux agens chargés en chaque lieu de l'exécution des lois, ce sont les instrumens du gouvernement, et non les représentans des gouvernés. Les faire élire par le peuple est une idée qui ne devient admissible que dans une constitution plus ou moins fédérative, ou bien lorsqu'il s'agit d'affaiblir ou d'abolir quelque ancien système féodal. Dans un état qui conserve ou reprend une parfaite unité, les agens dont il s'agit sont toujours, quelques noms qu'ils portent, les bras et les mains de l'autorité centrale et suprême. Mais, plus l'empire aura d'étendue, plus il importera au gouvernement et au peuple que les administrateurs locaux soient surveillés et contrôlés par les représentans particuliers de chaque province et de chaque commune. Il y a donc lieu à des conseils ou assemblées dont les membres ne sauraient être élus par les gouvernans, sans une confusion d'idées égale à celle qui ferait élire les agens d'exécution par les gouvernés. C'est à des colléges particuliers d'électeurs provinciaux et communaux qu'appartient l'élection des membres de ces conseils, et c'est ainsi que peut se distribuer, selon tous les degrés de fortune ou d'intérêt à l'ordre social, l'exercice des droits de cité. Du reste, les fonctions des assemblées représentatives locales dont nous parlons ici, se borneraient, d'une part, à des observations ou remontrances régulièrement publiées, de l'autre, à la répartition des impôts, à laquelle elles procéderaient en qualité de jurys.

Les jurés près les tribunaux représentent aussi le public qui a pris ou qui viendrait à prendre connaissance d'un fait réputé crime ou délit; il serait même possible qu'ils fussent désignés de telle sorte qu'ils représentassent particulièrement les citoyens les plus éclairés sur la nature des faits dont il s'agira, et les plus intéressés à les déclarer dans l'exacte vérité.

Dans les monarchies, une chambre de patriciens héréditaires, intéressée ou disposée à maintenir tout à la fois les garanties individuelles et les anciennes institutions qui ne les offensent pas, doit être considérée comme représentative et conservatrice ; elle perdrait visiblement l'un et l'autre de ces caractères, si elle prenait l'initiative des bouleversemens politiques, si elle tentait d'altérer l'organisation de l'autre chambre, et de dépouiller du droit d'élire des classes industrieuses de citoyens.

Enfin, dans les monarchies, le premier et le plus auguste des représentans est le monarque lui-même, électeur des ministres, et, directement ou indirectement, de tous les autres fonctionnaires responsables ; dispensateur des grâces, régulateur suprême des affaires intérieures et extérieures de l'état, et au nom duquel les lois sont proposées, promulguées, exécutées.

Pour refuser, comme on le fait quelquefois, au monarque et aux pairs ou patriciens, la qualité de représentans, il faut ou les déclarer simples mandataires, agens responsables, ce qui est évidemment inadmissible, ou prétendre qu'ils forment dans l'état une troisième classe d'hommes publics, qu'il serait impossible de définir. Sans doute, dans les républiques purement démocratiques, il n'y a de représentans que ceux qu'une élection a revêtus de ce caractère: mais il est, ce me semble, de la nature d'une constitution mixte, d'admettre des représentans nés ou héréditaires; et c'est, à mon avis, l'idée la plus juste et la plus utile qu'une famille régnante et une chambre des pairs puissent prendre de leurs droits et de leurs pouvoirs. On doit supposer que leur position même, et, sinon leurs anciennes traditions, du moins leurs habitudes nouvelles, tendront à confondre leurs intérêts personnels avec l'intérêt national; et le moyen le plus efficace pour que cette supposition se réalise de plus en plus, est de la toujours faire et de l'ériger en maxime. Dès qu'un système politique garantit la liberté, il faut l'établir et le maintenir avec franchise, conserver religieusement la pureté des notions, et l'empire même des fictions légales sur lesquelles il repose, s'abstenir d'y transporter les données ou les théories propres à d'autres systèmes.

A l'exception du monarque dont le trône est un établissement national, les fonctions de tous les représentans, héréditaires ou électifs, sont essentiellement gratuites : leur caractère ne peut manquer de s'altérer, si les indemnités qu'elles peuvent accidentellement entraîner, excèdent la mesure précise des frais de déplacement, du surcroît réel de dépenses qu'elles occasionnent. Je ne sais rien de plus contraire au développement et au maintien du *système représentatif*, que ce qu'on a nommé, dans un tout autre sens, *représentation*, prétendue considération qui s'acquiert, dit-on, par le faste, en remplacement de l'estime qui s'obtient par des services honorables. Je ne dis pas que tout soit perdu, si les membres de la chambre nationale, des conseils provinciaux ou communaux, portent des costumes; mais se distinguer par cet appareil de ceux dont on tient la place, se revêtir d'une livrée de gouvernans, n'est pas, ce me semble, un moyen de mieux représenter ou rendre présens les gouvernés. Il importe, au contraire, de ne rien laisser, dans les usages, dans les détails, dans le langage, qui ne contribue à donner une juste idée du caractère des représentans, et à les distinguer des autres classes d'hommes publics.

III. Tous les fonctionnaires non compris dans les différens ordres que nous venons de parcourir, mais chargés, en un rang quelconque, de l'exécution ou de l'application des lois, employés à quelque service ou établissement public, sont des commis salariés et responsables; mais pour que cette responsabilité ne devienne pas illusoire, il importe de ne pas l'étendre au-delà de ses limites, et de bien distinguer les cas où elle est purement morale, de ceux où elle aboutit à des poursuites rigoureuses.

Dans la vie privée, il y a deux sortes d'actions répréhensibles : les unes, parce qu'elles sont ou semblent déraisonnables, les autres, parce qu'elles offensent des lois expresses. Les premières exposent à perdre la confiance et l'estime, les autres à subir des peines. La même distinction a lieu dans les actes publics ou politiques. Il en est qui, bien que blessant quelque intérêt national, n'ont pourtant pas été formellement interdites; d'autres, au contraire, sont des infractions matérielles d'une loi positive. L'effet naturel des premières est de provoquer des plaintes, des destitutions même, s'il s'agit d'emplois amovibles; mais il n'y a que les secondes qu'on ait droit de traiter comme des délits ou comme des crimes. Des ministres auront nommé ou fait nommer un administrateur inhabile ou infidèle, un général téméraire ou perfide : si ce général, cet administrateur, n'avaient point les conditions d'éligibilité que les lois exigent, les ministres sont coupables; mais autrement vous ne pouvez leur reprocher qu'une erreur, alors même que vous soupçonneriez davantage. Dès que le fait se réduit à une opinion fausse, mais que la loi permettait d'avoir, il ne donne lieu à aucune accusation proprement dite.

La plupart des inculpations officielles et des poursuites juridiques dirigées contre des ministres, n'ont produit que des émotions dangereuses, que des dissensions funestes, soit parce qu'il s'agissait d'actes que la loi n'avait pas déclarés criminels, et auxquels le seul esprit de faction ou de vengeance imposait cette qualification; soit parce que les faits qui l'auraient réellement méritée, s'ils avaient été prouvés, pouvaient être dissimulés avec adresse, contestés avec justice ou avec succès. L'habitude de ces accusations est un symptôme sinistre, et ne remédie jamais au mal extrême qu'elle indique.

Nous avons dit que les attentats privés devaient être réprimés et non prévenus par l'autorité, attendu qu'on ne saurait lui laisser les moyens de les prévenir sans lui donner ceux de violer les garanties individuelles. A l'égard des attentats à commettre dans l'exercice des fonctions ministérielles, c'est précisément tout le contraire : le système représentatif ne peut presque rien pour les réprimer équitablement et utilement ; il peut tout pour les prévenir, puisqu'il peut repousser les lois qui les rendraient possibles : sauf bien peu d'exceptions, le germe de ces attentats a toujours été dans les lois mêmes. On n'a guère vu de ministres violer les droits personnels, que lorsque les lois leur en offraient ou leur en indiquaient les moyens. Contre cette espèce de crimes publics, de toutes la plus grave, et contre les autres malversations des hommes puissans, le remède est dans la pureté de la législation, dans la rectitude et l'énergie de l'opinion publique, beaucoup plus que dans ces procès d'état où pour l'ordinaire la force tient lieu d'équité ; où, soit accusés, soit accusateurs, ce sont presque toujours les coupables qui triomphent.

Une précaution facile à prendre est de ne consentir à l'établissement ou à l'entretien d'aucune administration essentiellement nuisible. Telle est, comme nous l'avons vu, une direction générale de l'imprimerie et de la librairie. Tel est aussi un ministère de la police générale, dont le service habituel est de faire ou d'exécuter des lois d'exception. Tel est encore un conseil-d'état considéré comme une autorité administrative ou judiciaire. Que pour préparer des lois régulières, des ordonnances, des décisions ministérielles, le gouvernement veuille s'aider des lumières et des travaux d'hommes instruits, habiles, expérimentés, rien n'est plus sage. Mais ces conseillers doivent rester privés, invisibles, n'avoir de relations qu'avec le gouvernement qui les emploie, n'exercer directement aucune sorte de pouvoirs publics. On conçoit bien moins encore ce que seraient des ministres d'état sans ministère et sans responsabilité. C'est de ce confus amas d'agens indéfinissables, dont les fonctions n'ont rien de déterminé, que résultent nécessairement l'excès des dépenses, l'embarras de tous les genres d'affaires, la complication de tous les mouvemens politiques, le progrès enfin des désordres et des discordes dont les peuples sont les victimes.

IV. L'unique force d'un peuple pour maintenir les lois constitutionnelles et les garanties qu'elles consacrent, consiste dans ce que nous avons appelé opinion publique. Il s'agit toujours de savoir si cette opinion exercera son empire contre les premiers essais d'actes et surtout de lois arbitraires; si elle secondera victorieusement la résistance qu'y opposeront des représentans fidèles. Tout est compromis, sacrifié, perdu, si la nation se résigne aux premières atteintes qui seront portées à la sûreté des personnes, aux propriétés, à la liberté de la presse, à l'indépendance des élections, au maintien des droits acquis aux électeurs; et si elle ne ferme pas chaque plaie au moment même où l'on commence à l'ouvrir. Un jour viendra où ceux qui n'auront pas voulu apercevoir le mal dès son origine, se récrieront plus haut que les autres contre ses derniers progrès, quand il ne restera plus pour le guérir que des remèdes aussi funestes que ce mal même. C'est peu qu'un gouvernement loyal et sage ait proclamé les garanties individuelles; il faut que la nation sente assez le prix d'un bienfait si rare, qu'elle en soit assez reconnaissante pour le recueillir, le saisir tout entier, et proclamer à son tour qu'elle n'en veut rien perdre.

L'effet des garanties individuelles, dès qu'elles sont franchement établies, est de tourner les idées et l'activité des citoyens vers les affaires domestiques, dont le soin assidu devient alors le véritable patriotisme, le gage de la tranquillité de l'état comme de sa prospérité. C'est une situation fort critique que celle où presque tous aspirent à être employés ou salariés par le gouvernement. L'ordre éminemment social, est celui où les travaux privés offrent généralement plus davantage que les fonctions publiques, où celles-ci sont à-peu-près considérées comme des impôts dont chacun paye fidèlement sa quote-part, mais après lesquels on ne court pas; où, enfin, les affaires de l'état n'excitent guère que sous l'aspect économique l'attention des particuliers. C'est alors que le gouvernement s'affermit, et que la vraie liberté se consolide, sans qu'il soit sans cesse question d'elle, et précisément parce qu'on ne la met plus en question. Quand les débats politiques remplissent tous les entretiens, ce n'est point là, quoi qu'on en dise, un bon symptôme : les gens qui se portent bien ne parlent pas perpétuellement de médecine, lors même qu'ils sont médecins.

Un usurpateur a osé dire, il ose répéter, que *personne en France ne veut la liberté*, que *c'est à l'égalité que tous aspirent* ; et pour se conformer à cette disposition universelle, pour satisfaire cet amour extrême de l'égalité, il instituait des ordres, des titres nobiliaires, et des majorats. La conséquence pouvait sembler étrange; mais l'hypothèse était la plus injurieuse qu'on pût former sur les sentimens et les mœurs politiques d'un grand peuple.

La liberté est la pleine jouissance des garanties individuelles. Ne pas la vouloir, c'est trouver bon que les personnes demeurent exposées à des arrestations, détentions, exils et bannissemens arbitraires ; les propriétés, à des spoliations irrémédiables; l'industrie, à tous les genres d'entraves; les facultés intellectuelles et morales, aux plus dures contraintes, et au plus stupide engourdissement. Où sont les charmes, les délices d'un tel régime? par quels attraits peut-il séduire une nation tout entière? Et comment supposer que dans un siècle auquel on reproche ses lumières, trente millions d'hommes puissent devenir à ce point ennemis d'eux-mêmes et de leur postérité?

Quant à l'égalité, si elle est autre chose que la liberté même, je ne conçois aucunement en quoi elle peut consister. Je comprends à merveille que tous ont droit aux mêmes garanties. Mais tout autre niveau est impossible, si ce n'est celui de la servitude. La nature, l'ordre social, le cours des affaires privées et publiques, s'opposent invinciblement à toute autre espèce d'égalité; et sur ce point les faits sont si manifestes, et l'expérience si constante, qu'il serait superflu de s'y arrêter.

Ce n'est jamais qu'en un sens fort abstrait, fort général, qu'on peut dire que tous les citoyens « sont également admissibles aux emplois. » Car il s'établit presque toujours des conditions d'aptitude ou d'éligibilité aux fonctions représentatives; et à l'égard des emplois qui n'ont pas ce caractère, et dont le gouvernement doit seul disposer, il arrive l'une de ces deux choses, ou que le gouvernement n'a d'autres règles à suivre que celle qu'il lui plaît de se prescrire à lui-même, ce qui est, je crois, le meilleur parti; ou que la loi détermine elle-même l'idonéité, et prononce des exclusions, ce qui, d'ordinaire, entraîne des inconvéniens assez graves. Mais dans l'un et l'autre cas, l'égale admissibilité de tout le monde à tous les emplois, éprouve des restrictions, ou tout au moins des interprétations qui la réduisent à une pure abstraction métaphysique.

Ce qui importe à chacun, c'est d'être bien représenté et bien gouverné; car on ne peut qu'à ces deux conditions jouir en effet des garanties individuelles. Mais si telle pouvait être la disposition générale des esprits, que le premier vœu, le plus impatient besoin de chacun, fût d'être représentant, gouvernant, ou employé des gouvernans, il faudrait, ou ramener peu à peu les citoyens à des idées plus justes de leurs véritables intérêts, ou renoncer à établir jamais, parmi eux, un système représentatif, un gouvernement, et des garanties.

Il n'y a rien d'impossible à une extrême habileté dans l'art des définitions. J'ignore pourtant si l'on parviendrait à bien résoudre le problème qui serait proposé en ces termes : définir l'égalité de telle sorte qu'elle ne se confonde pas avec la liberté, et qu'elle soit d'ailleurs compatible avec les distinctions sociales, spécialement avec une chambre de patriciens, à laquelle est réservé, dans les monarchies, un tiers de la puissance législative. Tout ce que j'en veux dire, c'est que cette chambre, loin de menacer les garanties, doit en devenir l'un des soutiens, et mériter, à ce titre, la plus haute vénération publique, après celle qui est due au trône. Ce serait une calamité que de la voir renoncer aux hommages du peuple, en accueillant avec précipitation des propositions perturbatrices, en se déclarant l'ennemie de la constitution qui l'a créée elle-même, l'héritière des prétentions que l'équité nationale a réprouvées, ou l'exécutrice du testament politique d'un usurpateur.

Outre le patriciat, noblesse politique et partie intégrante de la puissance législative, il peut exister encore, dans les monarchies, une noblesse purement nominale, qui, tant qu'elle est dénuée de tout privilége, ne doit porter aucun ombrage. Il ne s'agit là que de noms, prénoms et surnoms qu'il est déraisonnable de refuser ou d'envier à ceux qui veulent bien se trouver heureux de les avoir acquis. Il y a presque autant de vanité à s'irriter contre ces titres innocens, quand on ne les a pas, qu'à s'en targuer lorsqu'on les possède ; et la vanité, qui n'est pas l'honneur, qui n'est pas même l'orgueil, est un des plus actifs dissolvans de la société.

CHAPITRE IX.

Comment les garanties individuelles peuvent devenir inviolables dans un pays où elles ne l'ont jamais été.

La première condition pour que les garanties deviennent inviolables, est qu'elles aient été reconnues et déclarées en termes clairs et précis, non comme des propositions générales ni même comme des maximes d'état, mais comme des règles positives imposées à toute autorité publique. Cependant, quelque solennelle que soit cette promulgation, nous savons trop qu'elle ne suffit pas, non plus que les sermens prêtés en conséquence par les plus éminens personnages. Vraiment il semble que l'honneur devrait consister surtout à remplir avec une fidélité scrupuleuse les promesses que l'on a faites, les engagemens que l'on a pris, et à ne jamais recourir, pour les éluder, à des sophismes, à des subterfuges, à de misérables subtilités; mais l'expérience ne permet pas de se rassurer sur la conscience ni sur la pudeur des hommes puissans.

Après avoir mis les garanties individuelles

au nombre des lois fondamentales, on a quelquefois conçu l'idée d'instituer un corps permanent, je ne sais quel sénat plénipotentiaire, dont l'unique fonction devait être de veiller à la conservation de ces lois. Mais il est encore prouvé, par les faits comme par la nature des choses, qu'un tel corps ne songe jamais qu'à se conserver lui-même; qu'il a peur de compromettre sa propre existence en s'efforçant de maintenir les autres institutions; qu'il se hâte de les sacrifier pour ne pas tomber avec elles, et que c'est lui qui leur porte les premiers coups. Il prétend que le moyen de les conserver est de les amender sans cesse, et le soin qu'il prend de les améliorer ne tarde point à les détruire. Les garanties particulières dont ses membres jouissent, les trésors qui s'accumulent entre leurs mains, les rendent très-indifférens sur ces garanties vulgaires que tous les citoyens réclament. Des plaintes qu'ils ne craignent pas d'avoir à former eux-mêmes, ne leur sont qu'importunes; ils font en sorte de ne pas les entendre; et s'il arrive que, reniant enfin un tyran qu'il ne leur est plus possible de soutenir, ils entreprennent de renouveler la constitution de l'état, ils oseront y stipuler encore leurs propres intérêts pécuniaires, et les placer au nombre des fondemens de l'ordre social. Assurément aucun peuple ne doit moins compter sur des garanties, que celui qui en confierait le maintien à ceux auxquels il donnerait en même temps d'autres besoins et d'autres sécurités. Proscrire et conscrire, moissonner chaque année une génération nouvelle, désorganiser les élections publiques et la représentation nationale, annuler des déclarations de jury, anéantir toute résistance au pouvoir absolu, fonder le despotisme, le nourrir et le bénir, se charger de son opprobre et s'enrichir de ses faveurs : voilà le résumé de l'histoire de tous les sénats.

En renonçant à cette institution monstrueuse, on demandera s'il n'y a pas moyen de distribuer, combiner, balancer les pouvoirs publics, de telle sorte qu'ils ne puissent jamais tendre tous à la fois au renversement des garanties, et qu'il en reste toujours au moins un qui ait la force et la volonté de les maintenir. Différentes solutions de ce problème ont été proposées ou essayées dans les temps anciens et modernes; aucune encore n'a été, en Europe, pleinement satisfaisante. C'est que les passions humaines, surtout les passions politiques, sont naturellement si actives et si capricieuses, qu'on ne les enchaîne que par de longues habitudes, et qu'il est difficile qu'une constitution, tant qu'elle est encore récente, leur imprime des directions assez fortes pour qu'elles ne puissent pas s'en écarter.

Dès le lendemain de la promulgation d'une loi fondamentale, on ouvrira peut-être les délibérations d'un corps législatif, en déclarant que réprimer, c'est prévenir; et que pour jouir du droit de publier et d'imprimer ses opinions, octroyé à tout le monde, il faudra leur donner un volume et un poids déterminés. Il se pourra que le début d'une seconde session soit d'autoriser expressément les arrestations arbitraires, et d'investir de ce pouvoir des milliers de fonctionnaires publics, même des derniers grades; il est possible qu'une autre fois on commence par demander que les écrits périodiques restent pendant trois ans sous la direction des ministres, ou bien qu'on annonce des lois conformes (apparemment comme celles-là), non plus au texte, mais à l'esprit de la constitution. Alors, sans doute, nous serons assez avertis de nous résigner aux interprétations les plus capricieuses, et par conséquent à l'anéantissement des garanties, puisque toute garantie est nulle quand elle n'est pas littérale. Que faudra-t-il penser d'une constitution tant de fois abjurée? Pourra-t-on dire qu'elle existe encore? Il est trop vrai qu'elle ne régnera plus ; mais enfin, tant que son nom ne sera point effacé, tant qu'il sera permis de le prononcer, les amis de la tranquillité publique trouveront en elle un point de ralliement, des règles de conduite, peut-être même des moyens de ralentir au moins les progrès du despotisme, et d'empêcher qu'il ne provoque et ne ramène l'anarchie. Leur devoir est de persévérer à réclamer contre toute violation, ancienne et nouvelle, des garanties que le texte de la loi fondamentale exprime. De telles réclamations sont trop justes et trop honorables pour n'être pas à la fin victorieuses, lorsqu'elles sont énergiques et décentes, paisibles et opiniâtres. Or, si, tôt ou tard, elles parvenaient à déconcerter le régime arbitraire, la constitution, en reprenant l'empire qu'il a usurpé, forte de ce triomphe, serait bien mieux affermie qu'avant d'avoir eu besoin de l'obtenir. Il ne s'agit donc que de combattre en son nom et pour elle seule, avec les seules armes qu'elle avoue et qu'elle fournit, à la clarté du jour que ses principes et ses dispositions répandent.

Loin de placer quelque espoir dans les manœuvres et l'agitation des partis politiques, j'ai déjà dit qu'elles sont toujours pernicieuses. Jamais un parti ne veut de garanties pour ses adversaires, et par cela même il ébranle les siennes propres. Sous le nom d'opposition, il n'aspire qu'à s'emparer du pouvoir, peut-être pour l'exercer plus mal encore. Il veut le triomphe de quelque théorie administrative, ou plutôt de certains personnages : son intérêt, son but unique, est de renverser des ministres et de les remplacer par ses propres chefs. Que s'il conçoit des desseins plus vastes, dès-lors il devient tout-à-fait une faction : contre lui, autour de lui, d'autres factions s'élèvent, dont le choc, les défaites, les victoires, les représailles, amènent et prolongent les révolutions, à travers lesquelles on réclame souvent, et l'on espère toujours, les garanties individuelles, sans jamais les obtenir ni les respecter.

Ces garanties ne deviennent inviolables qu'après avoir été long-temps intactes. Une longue possession, de vieilles habitudes, les consacrent, et l'on finit par se persuader qu'en effet il n'est plus possible de les renverser. C'est dans cette persuasion que leur solidité consiste : alors, sans discussion des prétendus avantages qu'on trouverait à les violer, tout projet de les restreindre est écarté par un seul mot, *cela ne se peut pas;* et il n'y a plus qu'une catastrophe opérée par une force étrangère qui les puisse ébranler : encore inspirent-elles à une nation depuis long-temps accoutumée à les chérir, un courage intrépide qui la rend infailliblement victorieuse, quand elle ne combat que pour les défendre. Mais tant qu'elles sont récentes ou nouvelles encore, tant qu'on se souvient du temps où elles n'existaient point, elles conservent des ennemis au sein de l'état, et y courent des périls. Il faut, pour les maintenir, des volontés plus nombreuses et plus fortes que celles qui les menacent.

Il y a ici quatre volontés à distinguer, celle de la nation, celle de l'assemblée représentative, celle du gouvernement, et celle des castes privilégiées.

Si la nation ne voulait pas ces garanties, personne assurément ne voudrait ni ne pourrait même les lui donner ou les lui conserver malgré elle ou à son insu. Or elle ne les veut pleinement que lorsqu'elle en a conçu une idée juste, et bien apprécié la valeur; ce qui suppose un assez grand développement de l'industrie et de l'intruction. Cette volonté ne saurait naître chez un peuple ignorant et grossier, ni s'affermir chez celui qui resterait plus occupé de débats politiques que d'affaires privées. C'est le vif intérêt qu'on prend à celles-ci qui fait sentir le besoin et tout le prix des sûretés individuelles. Quoi qu'il en soit, nous supposons ici que la nation les veut en effet; et cette hypothèse, bien que souvent douteuse, est la seule dans laquelle nous ayons à raisonner.

Si à cette volonté nationale ne se joint aucune des trois autres volontés que nous avons distinguées, elle demeure, sinon sans force, du moins sans direction, et par conséquent sans effet salutaire; c'est un volcan qui ne produit que des secousses, des commotions violentes, des révolutions désastreuses. Mais si elle est secondée et dirigée par l'une des trois autres, n'importe laquelle, il y a tout lieu de croire que les garanties s'établiront et s'affermiront pour toujours.

Il ne faudrait guère compter sur le concours des castes ou corporations qui, jouissant ou ayant joui de priviléges incompatibles avec ces garanties, se croiraient intéressées à imposer certaines doctrines, à interdire certaines opinions, à menacer certaines propriétés. On doit s'attendre de leur part à une opposition vive, surtout si, au milieu de longs troubles, elles ont été victimes elles-mêmes de pouvoirs arbitraires. Il est vrai que cette considération devrait, au contraire, les porter à réclamer un régime constitutionnel, qui, les admettant ou les appelant à beaucoup de faveurs et de distinctions, deviendrait pour elles aussi honorable que tutélaire. Il laisserait un champ bien vaste encore, non pas aux entreprises politiques des nobles, mais à leurs jouissances, à leur opulence, à leur ambition civile. Rien de ce que nous avons supposé ne les empêcherait de conserver ce qu'ils peuvent avoir de titres à la prédilection du gouvernement, de parvenir de préférence, et presque seuls, aux plus hautes fonctions, aux dignités les plus éminentes, même de s'en rendre dignes par des talens et des vertus, de rajeunir l'éclat de leurs noms antiques par de nouveaux et véritables services, et d'obtenir ainsi quelque jour une grande part dans la gloire nationale. Seulement ils y gagneraient des garanties, dont ils étaient privés eux-mêmes, et mal dédommagés par des priviléges précaires et d'odieuses usurpations; garanties que leur rendent particulièrement nécessaires des orages récens à peine calmés, toujours menaçans, tant que le système constitutionnel ne s'établit pas. Sans doute, s'ils pouvaient s'accoutumer à supporter ce régime, ils finiraient par le chérir et le défendre comme le plus propre à les couvrir d'une pure et véritable grandeur. Mais le temps seul peut leur inspirer ces dispositions, et nous parlons d'une époque où ils ne sauraient les avoir encore.

Le concours que ces castes ne promettent pas, jusqu'à quel point est-il permis de l'espérer du gouvernement?

Un usurpateur ne peut ni ne veut donner de garanties : il a besoin, pour se soutenir, de la violence et de la fraude par lesquelles il s'est élevé. Mais un pouvoir légitime ne trouve sa propre sûreté que dans celle de tous les sujets qu'il gouverne. Il connaîtrait bien mal ses intérêts s'il les associait aux prétentions d'une caste. Comment aimerait-il mieux régner et s'appuyer sur quelques milliers de privilégiés, que sur plusieurs millions d'hommes libres? Cependant il peut arriver qu'immédiatement entouré de seigneurs et de prélats, il prenne leurs vains regrets et leurs folles espérances pour les sentimens de tout un peuple, et que le danger de cette erreur s'aggrave par le penchant de ses ministres à un système arbitraire, dont ils auraient, sous un règne précédent, contracté l'habitude, recueilli les traditions, étudié ou enseigné les pratiques.

En ce cas, il ne resterait à la volonté nationale d'autre auxiliaire que la volonté de l'assemblée représentative ; et si, par malheur, d'anciens privilégiés ou de nouvelles créatures du gouvernement, ses agens, ses conseillers, ses ministres, dominaient dans cette assemblée, il est aisé de voir combien les garanties personnelles demeureraient compromises, jusqu'à l'époque où des élections régulières, libres et nationales, auraient pu la renouveler en grande partie. Un très-bon choix de représentans, voilà le principal, et presque l'unique moyen d'obtenir des garanties réelles, dans un pays où il n'y en a que de fictives. Il faut une assemblée composée d'hommes qui les réclament énergiquement; n'ayant, pour leur compte, d'autres intérêts politiques que ceux qu'ils sont chargés de défendre.

La constitution norvégienne porte que les

conseillers d'état et les employés de leurs bureaux, ceux qui ont des charges à la cour, et ceux qui y sont pensionnés, ne peuvent être élus représentans. Cette disposition est bien rigoureuse; elle semble offenser la liberté des suffrages publics, et elle peut exclure des hommes d'autant plus dignes de la confiance publique, qu'ils l'auraient méritée en des postes où il est plus ordinaire de la perdre. Ne suffit-il pas que, sur un tel point, la nation soit dirigée par le sentiment de ses intérêts? Si elle veut être effectivement représentée, elle comprendra bien assez d'elle-même qu'elle ne le serait aucunement par une assemblée où elle laisserait affluer ceux qui sont employés à la gouverner. L'unique service qu'elle espère de ses représentans est de préserver ses garanties des atteintes de la puissance gouvernante. Gouverner et représenter sont deux fonctions trop distinctes pour qu'elle prenne, de préférence, dans la liste des hommes qui exercent la première, ceux qu'elle chargera de la seconde. Elle saura bien, surtout si elle a eu le malheur d'en faire l'expérience, que rien ne ressemble moins à un corps de représentans qu'un club de privilégiés et de gouvernans.

Dans un pays où tous les droits de cité sont

réduits à celui d'élire des députés qui ne peuvent ni proposer ni modifier des projets de lois, mais seulement les rejeter après un mûr et paisible examen, des ministres qui prétendraient influer sur les élections, les diriger, les retarder, les entraver, les soumettre à des révisions arbitraires, annonceraient trop ouvertement qu'ils ont résolu d'éteindre tout vestige de liberté publique : et ce projet deviendrait plus manifeste encore, si l'on essayait ensuite de modifier le droit d'élection, de le refuser aux contribuables les plus industrieux, et de multiplier les chances favorables aux anciens privilégiés; surtout si aucune apparence de désordre ne servait de prétexte à ces propositions, et si on les faisait seulement parce que de ces urnes nationales, que les ministres auraient essayé de remplir des noms de leurs affidés, seraient sortis avec éclat des noms chers à la patrie, recommandés par des talens, par des vertus privées et publiques, par d'éminens services, par la reconnaissance des peuples, par les hommages des deux mondes.

Si une nation, au lieu d'user sagement et librement du droit d'élire, abandonne à des ministres, à une caste, à une faction, le choix de ses députés : si elle accepte et transcrit des listes dictées par des intérêts opposés aux siens, il en faut conclure qu'elle ne sait point encore vouloir fermement et efficacement les garanties sociales; et l'absence de cette volonté est un malheur extrême, auquel je ne connais d'autre remède que la propagation des lumières. Les élections donnent la mesure des lumières publiques, et décident du sort des garanties. Une assemblée réellement nationale aura bientôt, en affermissant les bases du pouvoir légitime, déraciné jusqu'aux derniers germes du pouvoir arbitraire. Elle ne prétendra ni menacer les autorités supérieures ou inférieures, ni déplacer des ministres, ni amender des projets de lois, ni étendre ses attributions, ni usurper une part du gouvernement : elle saura remplir, avec une rigueur inflexible, son devoir essentiel, celui de repousser toute loi contraire aux droits individuels des gouvernés.

Qu'importe, direz-vous, qu'on ne puisse plus faire de nouvelles lois d'exception, s'il en existe déjà cinquante que l'assemblée représentative n'aura pas le pouvoir d'abroger? J'ose répondre que ces lois, quel qu'en soit le nombre, cinquante ou cinq cents, par cela seul qu'on n'en ferait plus de semblables, tomberaient dans un opprobre dont le gouvernement craindrait de rester entaché lui-même, s'il ne s'empressait d'en effacer toutes les traces. D'ailleurs l'examen des lois nouvelles amènerait naturellement, non pas des votes de l'assemblée sur les anciennes, mais ce qui serait plus régulier, et suffirait presque toujours, une discussion libre et retentissante, une censure irrésistible de ce qu'elles contiendraient d'incompatible avec les lois fondamentales. L'opinion publique, appuyée sur des dispositions constitutionnelles, et proclamée à la tribune d'une assemblée représentative, serait nécessairement victorieuse de tous les restes honteux d'une législation frauduleuse et oppressive. S'il le fallait enfin, et s'il n'y avait pas d'autre moyen de sortir de ce vieux chaos de lois de circonstances, le corps des représentans ajournerait le vote de l'impôt jusqu'à l'époque où le gouvernement les aurait fait disparaître. Car, après tout, l'impôt est le prix des garanties ; il n'est dû que par ceux qui les obtiennent, il est extorqué de ceux à qui on les refuse.

Mais, pour les représentans comme pour les représentés, la seule bonne manière de vouloir ces garanties, est de ne vouloir rien autre chose, ni catastrophe, ni bouleversement, ni déplacement d'hommes ou de choses, ni triomphe de secte, ni nouveau système d'administration, ni constitution nouvelle, ni réforme ou amendement quelconque d'aucun des articles de la constitution que l'on a, même en ce qu'on croirait y remarquer de défectueux, ni enfin aucun autre gouvernement que celui qui a renoncé solennellement aux actes arbitraires, et qu'on préserverait efficacement du péril d'en renouveler le scandale. Peu importerait qu'il subsistât encore parmi des courtisans ou dans une caste, quelques vestiges de faction, de parti ou de coterie politique, pourvu qu'il ne restât dans la masse des gouvernés qu'un seul vœu national, celui du maintien et de la plus grande puissance d'un gouvernement limité par les garanties individuelles, et par le système représentatif institué pour les défendre.

C'est en les refusant qu'on provoque l'anarchie; par la licence du despotisme, on ramène celle des séditions. Ces deux excès, en apparence si opposés, naissent toujours l'un de l'autre, et fort souvent une révolution est le but secret de ceux qui encouragent le pouvoir arbitraire; ils l'aident à s'élever à une hauteur d'où ils savent qu'il doit tomber, et entraîner dans sa chute le pouvoir légitime. Tout au moins est-il imprudent de se plaindre de l'anarchie quand la tyrannie règne, et de reprocher la licence à ceux qu'on prive de la liberté qu'on leur a promise. Si vous redoutez en effet les orages, entrez donc enfin dans le port que vous avez indiqué vous-même, et, par la fidèle et constante observation de vos lois fondamentales, rendez impossible tout renouvellement d'agitations populaires et de catastrophes politiques.

S'il n'y avait d'opposition à l'établissement des garanties que de la part des anciens privilégiés redemandant les us de nos pères et les superstitions de nos aïeules, cette lutte aujourd'hui ne serait pas sérieuse, et, le gouvernement s'abstenant d'y intervenir, elle pourrait sans danger se prolonger pour l'amusement du public.

Si l'opposition ne consistait que dans les efforts des gouvernans pour maintenir et multiplier les lois d'exception ou de circonstances, ce second système, décrédité par tant d'excès, devenu plus odieux que le premier n'est ridicule, ne résisterait pas long-temps à l'influence d'une constitution proclamée, et à l'empire d'une opinion sage, paisible et persévérante.

Une troisième hypothèse, qui pourrait sembler plus alarmante, serait la coexistence des deux oppositions dont je viens de parler; encore y aurait-il des chances pour les voir se contrarier et s'affaiblir l'une l'autre; la guerre éclaterait de temps en temps entre elles, et il serait possible que les défenseurs de la constitution les eussent tour-à-tour pour auxiliaires.

Mais si elles parvenaient à se concerter et à ne plus former en apparence qu'une seule faction, si la seconde acceptait le but de la première, et celle-ci les moyens et le régime provisoire de la seconde, le péril deviendrait d'autant plus grave, que cette connivence ne serait jamais qu'une trève, et couvrirait une multitude de rivalités personnelles, d'ambitions inconciliables, de ressentimens implacables, dont l'éclat devrait amener un jour de nouvelles calamités publiques. Toutefois, jusque dans cette quatrième hypothèse, il resterait à une nation éclairée, à son assemblée représentative, même à une partie de cette assemblée, assez de puissance encore pour intimider et dissoudre peu-à-peu une ligue incohérente, éphémère, et assujettie, par sa nature même, à suivre sans honneur une marche tortueuse et pénible.

Ainsi, pour que des garanties déclarées deviennent inviolables et cessent enfin d'être fictives, tout se réduit à un seul point, savoir, que la nation veuille en effet en jouir, et se donne des représentans qui aient la même volonté.

CONCLUSION.

Un peuple qui, après plusieurs siècles de souffrances, entreprend de secouer le joug du despotisme, peut paraître d'abord moins occupé des garanties individuelles que de l'organisation politique dont elles doivent être les résultats. Son attention se dirige presque exclusivement sur la distribution des pouvoirs, sur la forme du gouvernement, sur l'exercice des droits de cité; et ces institutions, qui n'ont réellement d'importance que par leurs rapports avec la liberté civile, devenues l'objet immédiat des débats populaires, partagent bientôt en sectes, partis ou factions, ceux dont elle était le but commun et le vœu unanime. De telles dissensions peuvent, il est vrai, exalter le patriotisme, le rendre victorieux de tous les obstacles étrangers, porter au plus haut terme l'indépendance et la puissance nationale, abolir radicalement les institutions les plus pernicieuses, en faire éclore de salutaires, et marquer au moins le but que l'on n'atteint pas encore. Mais aussi, pour peu que ces mouvemens se prolongent, ils amènent, au lieu des sûretés que donne la justice, les périls que multiplie la discorde, les fléaux qu'enfantent l'ambition, le fanatisme et la vengeance. Tant de désastres signalent cette première époque d'une révolution, qu'on ne remarque point assez les illusions qui se propagent et les mauvaises habitudes qui se contractent durant ces troubles. De tous les effets qu'ils produisent, l'un des plus funestes est de disposer chaque citoyen à n'attacher de prix qu'à l'activité politique, à ne chercher de garanties que dans l'exercice du pouvoir, à considérer enfin les fonctions publiques comme la meilleure branche d'industrie.

Ces désordres peuvent aboutir à l'élévation de quelque aventurier, à qui la fortune, toute-puissante en de pareils temps, aura ouvert une carrière brillante et aplani la route du pouvoir suprême. L'instinct de l'usurpation et de la tyrannie lui suffira pour tirer un grand parti des illusions fatales et des dispositions vicieuses dont je viens de parler. Il ne trouvera que trop de personnages qui auront perdu, à travers les troubles, presque tout ce qu'ils avaient d'opinions franches et de sentimens généreux, et qui s'empresseront de lui en vendre les derniers restes. Il leur persuadera aisément qu'ils n'ont jamais voulu que des richesses, des honneurs, des dignités : indifférent entre les partis, il en aura bientôt enrôlé presque tous les chefs dans le sien propre, et, maître de la fortune publique, disposant de tous les emplois, il parviendra en effet à s'attacher un grand nombre d'hommes par des faveurs proportionnées à ce qu'il leur supposera d'influence, de renom et de cupidité. S'il peut aussi concentrer en lui seul la force et la gloire acquises par la nation durant l'époque précédente, il deviendra, au-dehors autant qu'au-dedans, un potentat formidable dont les princes flatteront l'orgueil, couronneront la tête impure, et rechercheront l'ignoble alliance. Sous son règne s'effacera tout vestige, toute notion des garanties sociales; il ne restera du système représentatif que des ombres inanimées, de vains fantômes qui s'aminciront et s'évanouiront par degrés. Les vieilles impostures reprendront leur empire; on verra s'ouvrir un nouveau moyen âge, dont les ténèbres et les chaînes s'étendraient sur une longue suite de générations si, par des excès prématurés, par une tyrannie rapidement exaltée jusqu'à la démence, l'ennemi du monde, révoltant à la fois ses sujets et ses voisins, haï de ses proches, trahi par ses serviteurs, ne se précipitait pas lui-même, du faîte de cette puissance artificielle, dans la profonde ignominie de ses propres vices.

A cet horrible règne succède une troisième époque, que le souvenir et l'influence des deux premières doivent rendre encore fort critique. En effet, d'une part, les désordres et les malheurs de la première, semblent recommander les institutions qu'elle a renversées, présenter comme un port l'abîme qu'elle a fermé, accréditer les prétentions insociales des anciens privilégiés, et tout au moins remettre en question les progrès et les triomphes de la raison publique. D'un autre côté, la seconde époque laisse une ample provision de mauvaises lois, de mesures arbitraires, d'habitudes serviles, de traditions et d'institutions perverses, de ressorts et d'ustensiles tyranniques. A vrai dire, pour consommer l'asservissement de la nation, il n'y aurait qu'à continuer l'œuvre que ce régime intermédiaire a si fort avancée : ses erremens seraient préférables même au régime qui a précédé les premiers troubles; ils tendraient plus sûrement à l'abolition de toute garantie individuelle ; mais si le despotisme hésite entre ces deux systèmes, s'il passe et repasse de l'un à l'autre, ou s'il prétend les suivre à la fois tous les deux, sa marche incertaine peut enhardir la liberté publique, et l'aider à renaître du sein des lumières qu'il n'a pas eu le temps d'éteindre.

La question est de savoir si l'opinion publique reprendra assez d'ascendant pour ne laisser un libre cours ni à de nouveaux brigandages révolutionnaires, entrepris en sens inverse des premiers, ni à de nouvelles fourberies politiques, qui, abusant encore une fois les peuples par le vain simulacre d'une loi fondamentale, les replaceraient sous le joug des lois d'exception et des actes arbitraires. De cette question, qui se confond avec celle de savoir si cette troisième époque sera la dernière, dépend la destinée des générations contemporaines, et de celles qui les suivront : elle est, je l'avoue, problématique; et il n'y a qu'une profonde estime pour la nation qu'elle intéresse, qui autorise à regarder la solution la plus heureuse comme la plus probable. Mais si en effet cette nation a conservé durant les deux premières périodes la franchise et la noblesse de son caractère; si elle a plus gémi des abus que l'on a faits de sa puissance que des malheurs qu'ils ont attirés sur elle; si, au sein même de ses revers courageusement subis, elle a redemandé la liberté et repris le rang éminent que lui assignaient, entre les peuples, les progrès de sa civilisation, de son industrie, et de ses lumières, il faudra beaucoup d'habileté, d'efforts et de bonheur, soit pour la frustrer des garanties qu'on lui a promises, et renouveler des illusions pareilles à celles qu'une expérience récente a dissipées, soit pour relever, au milieu d'elle, de gothiques établissemens qui étaient déjà caduques lorsqu'elle a commencé d'en démolir l'édifice, et dont le ridicule seul est resté ineffaçable à ses yeux. Or, si le despotisme ne parvient ni à l'une ni à l'autre de ces deux fins; si le succès ne couronne ni les plagiaires des artifices de la seconde époque, ni les preux adversaires des triomphes de la première, devenus les imitateurs de ses plus horribles excès, la troisième semblera d'autant mieux appelée à établir, avec franchise et en réalité, les garanties individuelles, qu'elles sont, comme nous l'avons vu, le plus véritable intérêt et du prince, et des ministres, et des grands, et du corps entier des gouvernés.

Qu'auraient en effet ces garanties de si redoutable au pouvoir, de si nuisible aux hommes puissans? et qu'est-ce, après tout, qu'elles exigent?

Qu'on ne puisse être arrêté ni détenu que pour être régulièrement jugé dans le plus bref délai possible;

Que les propriétés consacrées par les lois soient à l'abri de toute atteinte, de toute extorsion arbitraire;

Que l'industrie, si elle n'est pas délivrée de toutes ses entraves, n'ait plus à craindre au moins celles qui ont été abolies;

Que l'injure, la calomnie et la sédition soient poursuivies comme des délits ou des crimes; et que toute autre opinion, manifestée de vive voix, ou par écrit, ou par la presse, soit affranchie de toute censure préalable ou subséquente, et de toute direction administrative;

Que le culte privilégié, entretenu aux frais de tous les citoyens, même de ceux qui ne le professent pas, ne restreigne en aucun sens, ni en aucune manière, la liberté des autres croyances religieuses quelconques.

Voilà les seuls points à garantir, et, pour y parvenir, voici les seules institutions qui soient strictement nécessaires :

Que tous les juges, y compris les présidens et vice-présidens des cours ou tribunaux, soient, comme juges, pleinement inamovibles; qu'ils ne puissent être ni transférés ni déplacés contre leur gré, et qu'ils demeurent indestituables hors le cas de forfaiture jugée;

Que tous les faits à punir, comme crimes ou comme délits, soient préalablement vérifiés et déclarés par des jurés que l'autorité suprême n'ait pas choisis, ni fait choisir par ses agens; et sur le choix desquels les présidens de tribunaux ou de cours n'aient à exercer non plus aucun pouvoir;

Enfin, qu'une assemblée de représentans régulièrement et librement élus, sans influence ministérielle, exprime, avec une parfaite indépendance, le consentement de la nation à tout impôt, à tout emprunt, à toute loi nouvelle.

Or, de telles barrières défendent le pouvoir suprême encore plus qu'elles ne le circonscrivent. Car que lui interdisent-elles, sinon des violences, des vols, des fraudes, des attentats, ou méfaits pareils à ceux qu'il réprime? Ce sont ces barrières qui distinguent la puissance légitime, de la force tyrannique ou usurpée : celle-ci n'obtient de sécurité qu'en retenant un peuple superstitieux et dégradé, dans les ténèbres et dans la misère; au contraire, la puissance légitime a pour garanties toutes celles qu'elle donne, les lumières qu'elle laisse briller autour d'elle, les industries qu'elle anime, les propriétés qu'elle protège et qu'elle respecte. L'homme qui repousse les garanties individuelles, quelle que soit sa position, sa condition actuelle ou passée, qu'il soit plébéien, noble, ministre, ou même prince, méconnaît ses intérêts les plus immédiats et les plus chers : apparemment il trouve si doux l'espoir de nuire à autrui, qu'il consent, pour le conserver, à courir les risques d'être opprimé, persécuté, proscrit lui-même. Cette manière de sentir, qui ne diffère aucunement de celle des malfaiteurs de l'autre espèce, savoir des brigands qui commettent les attentats particuliers que les lois punissent, ne saurait, je crois, devenir ou rester commune au sein d'une nation qui a subi les dures épreuves des deux premières époques dont j'ai parlé; et il me paraît permis d'espérer que l'établissement réel des garanties immortalisera la troisième.

FIN.

TABLE
DES CHAPITRES.

INTRODUCTION. pag. 1

CHAPITRE Ier. *De la sûreté des personnes.* 10

CHAP. II. *De la propriété.* 33

CHAP. III. *De l'industrie.* 48

CHAP. IV. *De la liberté des opinions.* 66

CHAP. V. *De la liberté des consciences.* 108

CHAP. VI. *Des gouvernemens qui refusent expressément les garanties individuelles.* 132

CHAP. VII. *Des gouvernemens sous lesquels les garanties individuelles, quoique déclarées, demeurent fic-*

tives, étant perpétuellement annulées ou restreintes par des lois d'exception ou de circonstances. pag. 155

Chap. VIII. *Des gouvernemens qui donnent réellement les garanties individuelles.* 187

Chap. IX. *Comment les garanties individuelles peuvent devenir inviolables dans un pays où elles ne l'ont jamais été.* 215

Conclusion. 234

FIN DE LA TABLE.

www.ingramcontent.com/pod-product-compliance
Ingram Content Group UK Ltd.
Pitfield, Milton Keynes, MK11 3LW, UK
UKHW020548180726
13838UKWH00001B/107